PRISMA
LATINOAMERICANO
COMIENZA

LIBRO DE EJERCICIOS

María Ángeles Casado Pérez
Anna Martínez Sebastiá
Ana María Romero Fernández

© Editorial Edinumen, 2011
© María Ángeles Casado Pérez, Anna Martínez Sebastiá y Ana María Romero Fernández

ISBN: 978-84-9848-098-6   Reimpresión: 2019
Depósito Legal: M-2329-2017
Impreso en España
Printed in Spain

Coordinación pedagógica:
María José Gelabert

Coordinación editorial:
Mar Menéndez

Edición:
David Isa y Nazaret Puente

Adaptación versión Latinoamérica:
Luis Navarro (Instituto Tecnológico de Monterrey)
Pedro Rodríguez (Escuela Don Quijote, Guanajuato)

Diseño de cubierta:
Juan V. Camuñas y Juanjo López

Maquetación:
Sara Serrano

Impresión:
Gráficas Glodami. Madrid

Editorial Edinumen
José Celestino Mutis, 4. 28028 - Madrid
Teléfono: 91 308 51 42
Fax: 91 319 93 09
e-mail: edinumen@edinumen.es
www.edinumen.es

Reservados todos los derechos. No está permitida la reproducción parcial o total de este libro, ni su tratamiento informático, ni transmitir de ninguna forma parte alguna de esta publicación por cualquier medio mecánico, electrónico, por fotocopia, grabación, etc., sin el permiso previo y por escrito de los titulares del copyright.

ÍNDICE

Ejercicios

Unidad 1	5
Unidad 2	11
Unidad 3	17
Unidad 4	23
Unidad 5	29
Unidad 6	35
Unidad 7	41
Unidad 8	47
Unidad 9	53
Unidad 10	59
Unidad 11	65
Unidad 12	71

Apéndice gramatical

UNIDAD 1

El alfabeto	77
Los números	78
Los verbos *trabajar, llamarse, ser* y *tener*	78
Los demostrativos	79
Los interrogativos	79

UNIDAD 2

Presentes regulares	79
El género	80
El número	80
El artículo	80
Hay, está, están	81
Tú o *usted*	81
Los interrogativos	81
Los números ordinales	81

UNIDAD 3

Los adjetivos calificativos	82
Los adjetivos y pronombres posesivos	82
Los verbos *llevar, ser* y *tener*	83

UNIDAD 4

Verbo *ir* más las preposiciones *a* y *en*	83
Los comparativos	83
Los verbos *necesitar, querer* y *preferir*	84

UNIDAD 5

Verbos irregulares	84
Verbos reflexivos	86
Usos del presente de indicativo	86
Adverbios y expresiones de frecuencia	86

UNIDAD 6
El verbo *gustar* 87
El verbo *doler* 87
Los pronombres de objeto indirecto 88
Adverbios *también, tampoco, sí, no* 88

UNIDAD 7
Gerundio 88
Verbos y expresiones de tiempo atmosférico 89
Muy, mucho/a/os/as, mucho 90
Usos de la preposición *en* 90

UNIDAD 8
Los pronombres de objeto directo 90
Pronombres y adjetivos indefinidos 91
Pronombres y adjetivos demostrativos 92
Los interrogativos 93
Usos de la preposición *para* 94

UNIDAD 9
Ir a + infinitivo 94
Pensar + infinitivo 94
Preferir + infinitivo 94
Querer + infinitivo 94
Poder + infinitivo 95
Hay que + infinitivo 95
Tener que + infinitivo 95
Deber + infinitivo 95

UNIDAD 10
La negación 95
Expresar opinión 96
Organizadores del discurso 96
¿Por qué? y *Porque* 97

UNIDAD 11
Pretérito (verbos regulares) 97
Reflexivos 97
Pretérito (verbos irregulares) 97
Uso del pretérito 98

UNIDAD 12
El imperativo afirmativo 98
Usos del imperativo 99
Organizadores del discurso 100
Secuencias de afirmación 100

Claves
Unidad 1 101
Unidad 2 102
Unidad 3 102
Unidad 4 104
Unidad 5 105
Unidad 6 106
Unidad 7 107
Unidad 8 108
Unidad 9 110
Unidad 10 111
Unidad 11 112
Unidad 12 113

Nomenclatura de las formas verbales 115

Unidad 1

1.1. Escribe el nombre de las letras que están en negrita.

Ejemplo: **E**scrito**r** .... e, te, erre ....

1. **E**spaño**l** ..../............
2. **C**in**co** ..../............
3. **M**úsi**ca** ..../............
4. **M**exi**ca**no ..../............
5. **I**ngenie**ro** ..../............
6. **P**rofeso**ra** ..../............
7. **E**s**t**u**d**iante ..../......../........
8. **T**raba**j**ar ..../............

1.2. Escribe el nombre de las letras que forman las siguientes palabras.

Ejemplo: *actor* → a / ce / te / o / erre /

- Médico → ....
- Aeromoza → ....
- Abogada → ....
- Jefes → ....
- Taxista → ....
- Peluquero → ....
- Vendedor → ....
- Profesora → ....

1.3. En el ejercicio anterior hay 8 profesiones, relaciona cada profesión con el lugar de trabajo.

Ejemplo: *actor* → teatro

> tribunal • coche • avión • hospital • peluquería • tienda • empresa • escuela

- Médico ....
- Aeromoza ....
- Abogada ....
- Jefes ....
- Taxista ....
- Peluquero ....
- Vendedor ....
- Profesora ....

1.4. Relaciona los números con su nombre.

> 5 • 6 • 1 • 15 • 7 • 4 • 10 • 3 • 2

- Uno ....
- Siete ....
- Cuatro ....
- Cinco ....
- Seis ....
- Diez ....
- Tres ....
- Quince ....
- Dos ....

1.5. Escribe el nombre del número.

- 23 veintitrés ....
- 18 ....
- 14 ....
- 25 ....
- 42 ....
- 36 ....
- 27 ....
- 19 ....
- 15 ....
- 17 ....

1.6. Ahora, escribe los mismos números, pero al revés.

Ejemplo: *23 (veintitrés)* → (32) treinta y dos

- 14 ....
- 18 ....
- 42 ....
- 25 ....
- 27 ....
- 36 ....
- 19 ....
- 15 ....
- 17 ....

1.7. Escribe la cifra resultante.

Ejemplo: *7 x 2 =* 14 catorce

- 5 x 5 = ...
- 150 – 100 = ...
- 34 + 32 = ...
- 6 x 7 = ...
- 30 – 15 = ...
- 45 + 10 = ...
- 9 x 9 = ...
- 80 – 10 = ...
- 11 + 5 = ...

1.8. Escribe las palabras utilizando letras del cuadro.

q • b (2) • ll (2) • c (6) • g (3) • k (2) • v (4) • z (3) • y (2) • rr • ch • r (2) • j (2)

1. ..Q.. ueso
2. ...... uita ...... a
3. ...... u ...... ara
4. ...... er ...... e ...... a
5. ...... asa
6. ...... a ...... a
7. ...... alan ...... a
8. ...... ama ...... ón
9. ...... ande ...... a
10. ...... amón
11. ...... aso
12. ...... irafa
13. ...... a ...... e
14. ...... irasol
15. ...... oghurt
16. ...... i ...... arro
17. ...... arate ...... a
18. ...... ema
19. ...... apato
20. ...... orar

1.9. Relaciona la persona con la forma verbal correspondiente.

A. Formas del singular

yo • tú • él • ella • usted

1. Soy ....
2. Se llama ....
3. Eres ....
4. Me llamo ....
5. Tienes ....
6. Tengo ....
7. Es ....
8. Trabajo ....
9. Te llamas ....
10. Trabajas ....

B. Formas del plural

nosotros/as • ustedes • ellos/as

1. Somos ....
2. Tienen ....
3. Se llaman ....
4. Trabajamos ....
5. Nos llamamos ....
6. Trabajan ....
7. Son ....
8. Tenemos ....

1.10. Completa las frases con la forma verbal adecuada.

Ser

1. Yo .... mexicano, de Guanajuato.
2. Nosotros .... estudiantes de inglés.
3. Santiago y Daniel .... cubanos.
4. Ella .... de Brasil.
5. Ustedes .... profesores, ¿verdad?
6. Ustedes .... estudiantes de español.
7. Tú .... argentino, ¿no?
8. ¿De dónde .... (usted)?
9. Juan .... carpintero.
10. Este verbo .... muy irregular.

Tener

1. ▷ ¿Cuántos años .... (tú)?
   ► .... (yo) catorce.
2. Juan y Carmen .... un coche estupendo.
3. (Usted) .... calor.
4. ▷ ¿.................... (ustedes) hambre?
   ► No, ... (nosotros) sed, mucha sed.
5. Pilar .... cincuenta años.
6. El verbo *tener* .... la primera persona irregular **tengo**.
7. Las formas **tienes, tiene, tienen** .... un diptongo (e>ie).
8. ¿Es difícil el verbo ....?
9. Escribe las formas del singular con el pronombre correspondiente:
   Ejemplo: Yo tengo, tú .... él/ella/usted ....
10. Escribe las formas del plural con el pronombre correspondiente:
    Nosotros/as ...., ustedes ...., ellos/as/ustedes ....

Trabajar

1. Juan .... en la Universidad.
2. Yo no ...., estoy desempleado.
3. ¿Dónde .... Carmen?
4. Ustedes .... en un restaurante, ¿verdad?

5. Tú .... muy bien.

6. Nosotras .... ocho horas al día.

7. Ustedes .... en un hospital, ¿no?

8. Luis y Carmen no ...., estudian.

9. Yo .... por las mañanas.

10. El verbo .... es regular.

Llamarse

1. Mis amigos .... Pedro y Ana.

2. ¿Cómo .... (tú)?

3. Yo no .... (yo) Carmen, (yo) .... María.

4. Mi jefe .... Antonio.

5. ¿Ustedes .... Juana e Irma?

6. Usted .... Carmen, ¿verdad?

7. Tú .... Carlos, ¿no?

8. Escribe el pronombre que acompaña a las formas del singular del verbo **llamarse**:

   Ejemplo: Yo *me* llamo.

   Tú .... llamas; Él .... llama; Ella .... llama; Usted .... llama.

9. Escribe el pronombre que acompaña a las formas del plural del verbo **llamarse**:

   Ejemplo: Nosotros/as **nos** llamamos.

   Ellas .... llaman; Ellos .... llaman; Ustedes .... llaman.

10. El verbo .... es regular, pero es pronominal (lleva pronombre).

1.11. Completa la nacionalidad de los siguientes países.

   Ejemplo: *México* → mexicano/a

   1. Japón → ....
   2. Italia → ....
   3. Francia → ....
   4. Inglaterra → ....
   5. Estados Unidos → ....
   6. Chile → ....
   7. República Dominicana → ....
   8. Argentina → ....
   9. Brasil → ....
   10. Perú → ....

1.12. Ahora, señala el país al que designan las siguientes nacionalidades.

   Ejemplo: *Ecuatoriano* → Ecuador

   1. Colombiano → ....
   2. Uruguaya → ....
   3. Chino → ....
   4. Mexicano → ....
   5. Española → ....
   6. Cubana → ....
   7. Holandés → ....
   8. Alemana → ....
   9. Suiza → ....
   10. Panameño → ....

1.13. Completa las frases con los interrogativos siguientes.

> Cómo • Quién • Cuántos • De dónde

1. ¿.................................. eres?
2. ¿.................................. años tiene tu jefe?
3. ¿.................................. se llama tu hermano?
4. ¿.................................. es tu compañero de apartamento?
5. ¿.................................. coches tienes?
6. ¿.................................. te llamas?
7. ¿.................................. es el actor Al Pacino?
8. ¿.................................. estás?
9. ¿.................................. es tu profesora de español?

1.14. Elige el nombre de la profesión correcta.

1. El .... trabaja en una escuela. (profesor/médico)
2. El .... trabaja con un coche. (escritor/taxista)
3. Diego Rivera es un .... muy famoso. (pintor/actriz)
4. Antonio Banderas es un .... español. (actor/estudiante)
5. La .... trabaja en un hospital. (camarera/doctora)
6. Carmen y Laura son .... y trabajan en una oficina. (secretarias/peluqueras)

1.15. Elige la respuesta correcta.

Ejemplo: *Un amigo te presenta a un amigo suyo.*

a) ☐ ¿Como está usted? b) ☐ Mucho gusto. c) ☒ Hola, ¿qué tal?

1. Es el primer día en tu nuevo trabajo, saludas al director.

    a) ☐ ¿Qué tal? b) ☐ Encantado de conocerle. c) ☐ Bien, gracias.

2. No sabes el nombre de tu compañera de clase.

    a) ☐ ¿Cómo te llamas? b) ☐ ¿Cómo se llama? c) ☐ ¿Cómo se llaman?

3. Tu profesor habla muy rápido en clase y tú no entiendes mucho.

    a) ☐ Más alto, por favor. b) ☐ ¿Cómo es "despacio" en español?

    c) ☐ Más despacio, por favor.

4. Para hablar de la edad (los años) utilizamos:

    a) ☐ tener b) ☐ ser c) ☐ haber

5. Para hablar de la nacionalidad utilizamos:

    a) ☐ tener b) ☐ ser c) ☐ haber

6. El número seiscientos setenta y siete se escribe:

    a) ☐ 676 b) ☐ 677 c) ☐ 767

NIVEL A1. **COMIENZA**

1.16. Lee el siguiente texto.

> Hola a todos,
>
> Somos dos chicas colombianas de veinte años. Yo me llamo Ana y mi amiga se llama María. Vivimos en Bogotá, una ciudad fantástica. Estudiamos Psicología en una universidad de esta ciudad, pero somos del sur de Colombia. Después de las clases, estudiamos francés en una escuela y tenemos muchos amigos franceses. María también estudia japonés y tiene una amiga japonesa que se llama Yoko. Ella tiene veintitrés años y es muy simpática. Creo que es muy interesante estudiar otros idiomas y tener amigos de diferentes culturas.
>
> Muchos besos.

Contesta las siguientes preguntas.

1. ¿Dónde vive Ana?: ....
2. ¿De dónde es María?: ....
3. ¿Cuántos años tienen las chicas?: ....
4. ¿Qué idiomas estudia María después de las clases?: ....

Di si es verdadero o falso.

	verdadero	falso
1. Yoko tiene treinta años.	☐	☐
2. Ana y María estudian Medicina en la Universidad.	☐	☐
3. Ellas viven en Bogotá.	☐	☐
4. María tiene amigos italianos.	☐	☐

1.17. Elige la forma correcta en los diálogos siguientes.

Diálogo 1 (presentación informal)

- .... es Alberto, el profesor de gramática.

    a) ☐ Esta   **b)** ☐ Este   **c)** ☐ Estas

- Encantada. Yo soy Susana, la profesora de conversación, y .... son los estudiantes de español.

    a) ☐ estos   **b)** ☐ estas   **c)** ☐ esta

Diálogo 2 (presentación formal)

- Hola, buenas tardes, les presento al .... Martínez.

    a) ☐ Sres.   **b)** ☐ Sr.   **c)** ☐ Sra.

- Mucho gusto. Yo soy la .... López, la secretaria.

    a) ☐ Sra.   **b)** ☐ Sr.   **c)** ☐ Sres.

Unidad 2

2.1. Coloca el artículo determinado el/la **femenino o masculino que corresponde.**

Ejemplo: *La pluma.*

1. .... libro.
2. .... problema.
3. .... carpeta.
4. .... noche.
5. .... clase.
6. .... día.
7. .... coche.
8. .... mano.
9. .... sobre.
10. .... dirección.

2.2. Coloca el artículo indeterminado un/una **femenino o masculino que corresponde.**

Ejemplo: *Una pluma.*

1. .... libro.
2. .... problema.
3. .... carpeta.
4. .... noche.
5. .... clase.
6. .... día.
7. .... coche.
8. .... mano.
9. .... sobre.
10. .... dirección.

2.3. Relaciona los sustantivos con los adjetivos que concuerdan en género y número.

Ejemplo: *El coche negro.*

> grande • rojos • blanca • oscuros • cómodas • interesante

1. La casa ....
2. El espejo ....
3. Las sillas ....
4. El libro ....
5. Los lentes ....
6. Los jitomates ....

2.4. Relaciona y forma frases.

1. El •   • coche •   • son •   • americanos.
2. La •   • niños •   • **está** • • a la derecha.
3. Los •   • profesor •   • es •   • encima de la mesa.
4. Las •   • carpetas •   • está •   • negro.
5. El •   • ventana •   • están •   • **en clase**.

1. El profesor está en clase.
2. ....
3. ....
4. ....
5. ....

NIVEL A1. **COMIENZA**

2.5. Conjuga el singular de los verbos.

1. **Hablar:** yo ...., tú ...., él/ella/usted ....
2. **Comer:** yo ...., tú ...., él/ella/usted ....
3. **Escribir:** yo ...., tú ...., él/ella/usted ....

2.6. Conjuga el plural de los verbos.

1. **Escuchar:** nosotros/as ...., ustedes ...., ellos/ellas/ustedes ....
2. **Leer:** nosotros/as ...., ustedes ...., ellos/ellas/ustedes ....
3. **Vivir:** nosotros/as ...., ustedes ...., ellos/ellas/ustedes ....

2.7. Ordena las siguientes frases.

Ejemplo: *en / Carlos / y / La Habana / viven / María* ➜ *María y Carlos viven en La Habana*

1. están / la / libros / mesa / de / los / encima
   ....
2. un / gris / tengo / celular / yo
   ....
3. lentes / son / de / los / Ángeles / rojos
   ....
4. clase / hay / en / Jorge / la / sillas / de / catorce
   ....
5. ¿dirección / tiene / de / qué / e-mail / José?
   ....
6. preguntan / los / profesor / estudiantes / al
   ....
7. profesoras / se / y / de / Paula / Gregory / las / llaman / Linda
   ....
8. cerca / escuela / de / vive / la / Laura
   ....
9. el / debajo / mesa / de / está / la / cesto de basura
   ....
10. el / M.ª José / el / despacho / en / de / piso / está / 2.º
    ....

2.8. Conjuga el verbo que está entre paréntesis.

1. Los chicos (escuchar) .... música en el radio.
2. Anna (tirar) .... los papeles en el cesto de basura.
3. La madre (leer) .... un libro a sus hijos.
4. Nosotras (borrar) .... el pizarrón todos los días.
5. Tú (hablar) .... cuatro lenguas.
6. (Ella, beber) .... cerveza en las comidas.

7. David y tú (mirar) .... la televisión.

8. Yo (escribir) .... cuando tengo tiempo libre.

9. ¿(Comprender, tú) .... los verbos en español?

10. ¿(Escuchar, ustedes) .... con atención al profesor?

2.9. Transforma las siguientes preguntas a la forma *usted*.

Ejemplo: *¿Lees el periódico todos los días?* → *¿Lee el periódico todos los días?*

1. ¿Hablas mucho en clase? ....
2. ¿Escribes cartas con frecuencia? ....
3. ¿Dónde vives? ....
4. ¿Comprendes las instrucciones? ....
5. ¿Escuchas música en español? ....

2.10. Fíjate en los dibujos y escribe debajo dónde está el pájaro Piolín.

1. Piolín está lejos de la jaula
2. ....
3. ....
4. ....
5. ....
6. ....
7. ....
8. ....
9. ....
10. ....
11. ....
12. ....

2.11. Completa el texto indicando el verbo y la persona que corresponde.

Todos los días (yo, levantarse) .... a las 7 de la mañana, (yo, escuchar) .... las noticias de la radio y (yo, leer) .... el periódico. Mi esposa (ella, levantarse) .... a las 8 y los dos (nosotros, tomar) .... un café. Mi esposa (ser) .... alemana y (ella, estudiar) .... español en una escuela cerca de casa. El profesor de mi esposa (él, llamarse) .... Carlos y (él, ser) .... de Quito, una ciudad en el Norte de Ecuador. Mi esposa, Carol, (ella, estudiar) .... todos los días una hora de español en casa y en la escuela tres días a la semana. Carol (ella, escuchar) .... música, (ella, leer) .... los ejercicios, (ella, preguntar) .... al profesor, (ella, escribir) .... redacciones y (ella, aprender) .... gramática. A Carol le gusta mucho el español y (yo, estar) .... muy contento de que ella aprenda mi lengua.

2.12. Elige *hay/está/*(nada).

1. Cerca de la estación .... una tienda de abarrotes.
2. La carpeta .... al lado del libro azul.
3. .... un bloc de notas para escribir.
4. En mi habitación .... mucha luz.
5. El baño .... entre el dormitorio y .... la cocina.
6. ▷ ¿Dónde .... la escuela?
   ▶ No sé.
7. ¿Quién .... en casa? Veo luz por la ventana.
8. En la clase .... un alumno japonés.
9. La señora lee .... el periódico.
10. Juan abre .... la puerta de su recámara.

2.13. Corrige los errores (9).

Ejemplo: cuatro silla ➡ *cuatro sillas*

En mi clase hay <u>cuatro silla</u>, una lámpara blanco y muy grande y unos pizarrón. La profesora hablan siempre en español y nosotros escuchas con atención. También hay el cesto de basura y una grabadoras para las clases de conversación. Mi amigo y yo leen muchos libros en español y estudian mucho en casa. Tenemos libros y un diccionarios para trabajar y cada día aprendemos más gramática.

....
....
....
....
....
....
....

2.14. Señala la palabra que no pertenece al campo semántico.

1. Lápiz / Mesa / Rojo / Libro.
2. Casa / Negra / Blanca / Amarilla.
3. Algodón / Leche / Sangre / Venda.
4. Calle / Cerca / Detrás / Debajo.
5. Lavadora / Bañera / Cama / Departamento.
6. Cocina / Cuarto de baño / Oficina / Dormitorio.
7. Trabajamos / Leemos / Escuchamos / Miramos.
8. Delante de / Detrás de / Negro / Cerca.
9. Azules / Amarillos / Blancos / Vasos.
10. Sobre / Primero / Plaza / Avenida.

2.15. Busca 7 palabras relacionadas con la casa.

H	I	N	O	D	O	R	O
J	N	O	L	L	I	S	M
O	H	O	R	N	O	K	N
L	M	J	A	B	L	J	E
E	O	E	M	I	R	O	S
R	E	P	S	Q	U	L	O
D	R	S	V	A	T	Y	F
U	F	E	A	S	S	P	A

1. ....
2. ....
3. ....
4. ....
5. ....
6. ....
7. ....

2.16. Elige la opción correcta.

1. En la oficina:
   ▷ **Secretaria:** Buenos días (señor/señora) director. ¿Qué tal (está/estás)?
   ▶ **Director:** Bien, ¿y (tú/usted)?
   ▷ **Secretaria:** Bien, gracias.

2. En un bar:
   ▷ **Pedro:** Hola Pablo, ¿qué tal (estás/está)? ¿(Tienes/Tiene) hambre?
   ▶ **Pablo:** Sí. ¿Y (tú/usted)? ¿Y (tienes/tiene) sed?
   ▷ **Pedro:** Sí, comemos una hamburguesa y bebemos Coca-Cola, ¿sale?

2.17. Completa con las abreviaturas correspondientes.

> C/ • Av. • n.º • 3.º • Pza. • dcha. • @ • 2.º

1. Vivo en la (avenida) .... del Segre, (número) .... 16, piso (segundo) .... y Jordi en el piso (tercero) ....
2. Yo estoy en la casa de un amigo. Creo que es la (calle) .... Independencia, pero no estoy seguro.
3. Nosotros vivimos en la (plaza) .... de la Paz, (número) .... 123, escalera (derecha) ...., planta baja.
4. Yo no sé mi dirección, pero este es mi e-mail: Marta (arroba) .... yahoo.mx. Me escribes y mando mi dirección exacta.

2.18. Encuentra las palabras ocultas y léelas en voz alta.

FÁ	A	RO	CAR	DI	BRE
TIM	TU	PE	VE	DOR	REC
SO	DA	TA	LA	CIÓN	NI

1. Instrumento para escribir en el pizarrón.
2. Utensilio de cartón o plástico para guardar papeles.
3. Calle ancha, generalmente con árboles.
4. Datos que permiten localizar el domicilio de una persona.
5. Papel que se pone en las cartas que se envían a otras ciudades o países.
6. Asiento cómodo para dos o más personas.

2.19. Lee este correo electrónico y contesta las preguntas.

De: Juan Gutiérrez Flores
Para: José Pardo Martínez
CC:
CCO:
Asunto: Información del apartamento
Archivos adjuntos: ninguno

Hola José, ¿qué tal?
Te escribo un e-mail para explicarte cómo es el apartamento. Tiene cuatro recámaras y dos baños, con bañera los dos. La cocina es pequeña pero tiene un refrigerador muy grande. En tu recámara hay un escritorio y encima del escritorio una computadora. Hay luz natural, pero también tienes una lámpara cerca de la cama para leer o estudiar por la noche. La lavadora está dentro del baño que está al lado de tu recámara. Es un apartamento muy céntrico, y está cerca del metro.

Tu compañero,
Juan

Contesta a las siguientes preguntas.

1. ¿Cuántas recámaras tiene el apartamento?
   ....
2. ¿Qué hay encima del escritorio?
   ....
3. ¿Dónde está la lavadora?
   ....
4. ¿Qué hay en la recámara?
   ....

Di si es verdadero o falso.

	verdadero	falso
1. En la recámara hay una cama muy grande.	☐	☐
2. El metro no está lejos del apartamento.	☐	☐
3. La lavadora está en la cocina.	☐	☐
4. El apartamento no tiene luz exterior.	☐	☐

Unidad 3

3.1. **Lee el siguiente texto.**

La playa de Acapulco es grande y luminosa. Hay muchos turistas porque es verano y hace calor.

A mi derecha hay un turista alemán; es alto, güero y un poco gordito. A mi izquierda, hay una chica francesa, es también alta, pero morena y muy, muy delgada.

Delante de mí, hay una familia mexicana. Él es calvo, lleva lentes y un traje de baño muy feo. Ella es pelirroja, no es ni gorda ni delgada, lleva un biquini rojo y gafas de sol. La familia tiene un hijo. El niño tiene más o menos dos años, es simpático y alegre. Los tres se meten ahora en el mar. Realmente, hoy es un día muy, muy agradable.

3.2. **Señala los adjetivos calificativos que encuentres en el texto (17).**

Ejemplo: *grande*

....
....
....

3.3. **¿Puedes señalar los adjetivos contrarios a los del texto?**

Ejemplo: *grande* ➡ pequeño/a

.... ➡	.... ➡ ....
.... ➡	.... ➡ ....
.... ➡	.... ➡ ....
.... ➡	.... ➡ ....
.... ➡	.... ➡ ....
.... ➡	.... ➡ ....

3.4. **Relaciona los nombres con su definición.**

- Playa • • Persona que viaja por distintos países.
- Luminosa • • Prenda de vestir que utilizamos para bañarnos.
- Turista • • De mayor tamaño.
- Francés • • Ausencia de frío.
- Calvo • • Persona de Francia.
- Traje de baño • • Utensilio que usamos para ver bien.
- Grande • • Persona que no tiene pelo.
- Delgada • • Que tiene mucha luz.
- Lentes • • Persona que tiene poca carne o grasa en el cuerpo.
- Calor • • Extensión de arena en la orilla del mar.

NIVEL A1. **COMIENZA**

3.5. Relaciona las palabras con el verbo correspondiente.

> Tener • Ser • Llevar

Alta .... El pelo largo .... Calvo ....

Ojos verdes .... Un bikini rojo .... Serio ....

Simpática .... Guapo .... Una camiseta ....

3.6. Recuerdas que en la descripción de una persona, el verbo:

Ser va con ....

Tener va con ....

Llevar va con ....

> prendas de vestir
> sustantivos
> adjetivos

3.7. Escribe los adjetivos posesivos que faltan.

Masculino		Femenino	
Mi	libro	....	cámara
....	libro	**Tu**	cámara
Su	libro	....	cámara
....	libro	**Nuestra**	cámara
Su	libro	....	cámara
....	libro	**Su**	cámara

3.8. Ahora tienes dos libros y tres cámaras, escribe los adjetivos posesivos correspondientes.

Ejemplo: *Mis* libros   *Mis* cámaras

....

....

....

....

3.9. Señala el adjetivo o el pronombre posesivo correspondiente.

Ejemplo: — <u>Mi</u>/mío coche es azul.
▷ ¿De quién es el coche azul?
► Es <u>mío</u>/mi.

▷ Nuestro/Nuestros hijo se llama Juan.
► Perdón, ¿cómo se llama su/sus hijo?
....

▷ Míos/Mis padres están de vacaciones.
► ¿Y los tuyos/tus?
....

▷ ¿Es esta nuestra/nuestras cámara?
► No, no es nuestra/nuestras, es su/suya.
....

— Los padres de mi/mis hermanos son mi/mis padres, pero no son los tus/tuyos, ni los suyos/sus, son míos/mis y de míos/mis hermanos, son nuestro/nuestros padres.

....

3.10. Señala el pronombre posesivo equivalente a los adjetivos siguientes.

      Ejemplo: *Mi* casa → *mía*

Nuestro apartamento   ....

Su carro   ....

Tus camisas   ....

Mi vestido   ....

Sus cinturones   ....

Sus gafas de sol   ....

Tus calcetines   ....

Mi mochila   ....

3.11. Indica la palabra correcta.

1. Quiero la falda **rojo/roja** que está en el aparador.

....

2. Las gafas de sol **grises/gris** me gustan mucho.

....

3. Busco una blusa **azules/azul** de verano.

....

4. Los pantalones **negro/negros** son más baratos.

....

5. Necesito mucha ropa para la reunión de trabajo en Buenos Aires: unos calcetines **oscuros/oscuro,** una corbata **roja/rojas,** un traje **gris/grises** y una camisa muy, muy **blanca/blancas.**

....

....

3.12. Completa las frases con la forma adecuada.

> claro • alto • simpáticos • zapatos • grandes • suéter • ondulado • playeras • suecas • cómodos

1. Raúl lleva un .... blanco.
2. Mi hermana tiene unos .... de tacón.
3. La profesora habla .... y ....
4. Los autobuses de mi ciudad son .... y ....
5. Josefina tiene el pelo ....
6. Mis sobrinos son muy ....
7. Tengo unas .... negras y azules.
8. En la escuela hay muchas estudiantes ....

3.13. Completa el cuadro.

	Trabajar	Ver	Vivir	Estudiar
Yo	**trabajo**	....	....	....
Tú	....	....	**vives**	....
Él/ella/usted	....	....	....	....
Nosotros/as	....	**vemos**	....	....
Ustedes	....	....	....	**estudian**
Ellos/as/ustedes	....	....	....	....

3.14. Escribe la forma verbal correspondiente.

1. Teresa y Juan (tener) .... dos hijos, Carmen y Pablo.
2. ¿Dónde (estar) .... la calle principal de la ciudad?
3. En estas tiendas no (vender) .... ropa de calidad.
4. Mi madre (comprar) .... siempre en el mercado.
5. ¿Quién (ser) .... el hermano de Antonio?
6. Yo (llevar) .... ropa informal al trabajo.
7. Tú (llevar) .... un traje muy elegante.
8. Mi sobrino (tener) .... los ojos claros.
9. Ustedes (ser) .... muy altos y muy guapos.
10. ¿Qué (hacer, tú) .... normalmente los domingos?

3.15. Ahora, elige el verbo más adecuado y escríbelo en la forma correcta.

> vender • estar • trabajar • ser • tener • abrir • haber • comprar

Mi hermano .... en una tienda de ropa. .... suéter, pantalones, faldas, vestidos, etc., ropa informal. La tienda .... a las 10:00 de la mañana todos los días, domingos también. La tienda .... cerca de la playa y .... muchos turistas que .... allá. Mi hermano .... muy trabajador y .... la tienda muy bonita y ordenada, me gusta mucho.

3.16. Conjuga las personas de los siguientes verbos.

Singular del verbo Ser
Yo .... tú .... él/ella/usted ....

Singular del verbo Tener
Yo .... tú .... él/ella/usted ....

Singular del verbo Hacer
Yo .... tú .... él/ella/usted ....

Plural del verbo Comprar
Nosotros/as .... ustedes .... ellos/as/ustedes ....

Plural del verbo Abrir
Nosotros/as .... ustedes .... ellos/as/ustedes ....

Plural del verbo Vender
Nosotros/as .... ustedes .... ellos/as/ustedes ....

3.17. Descubre el intruso de cada columna.

Ejemplo: azul, verde, gris, *grande*

mío	calvo	dependienta	lacio	hijo
tuyo	güero	calcetines	chino	enamorado
mi	feo	falda	largo	nieto
suyo	lentes	cinturón	grande	abuelo

....

3.18. Ordena las siguientes frases.

Ejemplo: *una / color / falda / tengo / de / negro* → *Tengo una falda de color negro.*

1. de / llama / mujer / María / la / Felipe / se
   ....
2. los / Cristina / alumnos / simpáticos / de / son
   ....
3. padre / para / mi / leer / lentes / mejor / lleva
   ....
4. y / una / Javier / hija / tienen / preciosa / Laura
   ....
5. ¿de / tus / son / padres / dónde?
   ....
6. de / 210 / gafas / pesos / cuestan / estas / sol
   ....
7. de / en / familia / Guadalajara / vive / la / Eva
   ....
8. está / centro / en / apartamento / el / su
   ....
9. mi / tiene / blanco / el / Miguel / pelo / tío
   ....
10. Yolanda / son / son / y / y / Diego / Montevideo / novios / de
    ....

3.19. ¿Quién es quién? Completa el texto.

Javier y Laura son marido y mujer desde hace unos treinta años. Tienen tres hijas: Carmencita, María y Raquel. Carmencita está casada con Juan, un guapo abogado de Morelia. Tienen una hija, Beatriz, de dieciséis años. María está soltera, pero vive con Carlos desde hace un año; no tienen hijos. Raquel está casada también. Su marido, Felipe, es hermano de Juan, el marido de Carmencita. Felipe es de Cuernavaca pero vive en la Ciudad de México desde hace muchos años. Trabaja en una editorial muy importante. Raquel está embarazada y va a tener al niño o la niña, no lo saben, dentro de dos meses.

Hoy es el cumpleaños de Javier y toda la familia está reunida para comer. En la comida está también Raúl, un compañero de trabajo de Javier. Javier presenta la familia a Raúl:

Raúl, mira, te presento a Laura, Laura es mi ....; Carmencita, María y Raquel son mis ....; Juan es el .... de Carmencita, es mi ....; Carlos es el .... de María. Felipe es mi .... también, es el .... de Raquel. Y por último, Beatriz mi .... En dos meses, Raquel va a tener un .... o una .... También en dos meses Carmencita y María van a tener un .... o una .... y, Laura y yo otro .... u otra .... Esta es mi familia.

NIVEL A1. **COMIENZA**   [ventiuno] **21**

3.20. Completa el crucigrama y descubre la palabra secreta.

1. Pelo que nace sobre el labio superior de las personas.
2. Personas que tienen los mismos padres.
3. Adjetivo posesivo (1.ª persona, plural, femenino).
4. Prendas de vestir que nos ponemos en los pies.
5. Persona de Alemania.
6. Lugar donde compramos ropa, comida, etc.
7. Séptimo día de la semana.
8. Prenda de vestir que nos ponemos en la cabeza.
9. Persona que trabaja en una tienda.
10. Número de días que tiene una semana.
11. Adjetivo calificativo contrario de serio/a.

La palabra secreta es:
....

3.21. Lee el texto y contesta a las preguntas.

Mi familia es muy grande. Mis abuelos tienen ochenta años y se llaman Modesto y Soledad. Tienen dos hijos, que son mi madre y mi tío. Mi madre es Ana y mi tío se llama Pepito. Mi tío es muy simpático y vive en San Pedro, en un apartamento cerca de la casa de mis padres. Mi madre y mi padre, José, tienen tres hijos: Jordi, Alberto y yo, que me llamo igual que mi madre. Jordi y mi cuñada tienen dos hijas: Andrea y Sofía. Ellas, mis sobrinas, son muy guapas y muy inteligentes. Tengo dos sobrinos más de mi otro hermano Alberto y de su mujer Maite: David y Elisabet. Ellos viven en Rosario y están muy lejos de nuestra ciudad.

Contesta a las siguientes preguntas.

1. ¿Cómo se llama mi cuñada, la mujer de mi hermano Alberto?
   ....
2. ¿Cuántas sobrinas tengo?
   ....
3. ¿Dónde vive el hermano de mi madre?
   ....
4. ¿Cómo me llamo yo?
   ....

Di si es verdadero o falso.

	verdadero	falso
A. Mi sobrino se llama Alfredo.	☐	☐
B. Modesto y Soledad son muy jóvenes.	☐	☐
C. Tengo dos hermanos.	☐	☐
D. La ciudad de Rosario está muy cerca de la casa de mis padres.	☐	☐

Unidad 4

4.1. Relaciona las formas verbales con la persona correspondiente.

Necesitamos •   • Yo

Quieres •   • Él

Necesitan •   • Nosotros

Prefiero •   • Tú

Quiere •   • Ellas

4.2. Ahora, escribe el singular de los verbos *preferir* y *querer*.

	Preferir	Querer
Yo	....	....
Tú	....	....
Él/ella/usted	....	....

4.3. ¿Qué tienen en común (igual) estas formas verbales?

....

4.4. Conjuga el plural de los verbos *preferir* y *querer*.

	Preferir	Querer
Nosotros/as	....	....
Ustedes	....	....
Ellos/as/ustedes	....	....

4.5. ¿Qué ocurre con la 3.ª persona del plural?

....

4.6. Conjuga el verbo *necesitar*.

Yo ....

Tú ....

Él/ella/usted ....

Nosotros/as ....

Ustedes ....

Ellos/as/ustedes ....

4.7. El verbo *necesitar*, ¿es regular o irregular?

....

NIVEL A1. **COMIENZA**

4.8. Completa el siguiente texto con la forma verbal adecuada.

Yo no (necesitar) .... carro, (yo, preferir) .... ir en tren o en camión. Mi esposo y yo no (querer) .... un carro, nosotros rentamos uno cuando vamos de vacaciones. Mi amiga Juana sí (necesitar) .... el carro para trabajar. Ella (querer) .... comprar uno pequeño porque es práctico para estacionarse en la ciudad, pero ella (preferir) .... un carro grande para los viajes largos.

4.9. ¿Y tú? Responde con una frase completa.

▷ ¿Necesitas coche para ir a tu trabajo o a tu centro de estudios?
▶ ....

▷ ¿Qué medio de transporte prefieres, el coche, el camión, el metro...?
▶ ....

▷ ¿Quieres comprar un coche nuevo ahora?
▶ ....

4.10. Completa las frases con la palabra o expresión más adecuada del recuadro.

> ir • leer • una Coca-Cola • estudiar • *escribir* • cenar • el carro
> • un diccionario • unos zapatos nuevos • sopa

1. Prefiero ...*escribir*........... con una pluma.
2. Lola necesita .... al banco.
3. ¿Quieres ....?
4. Los alumnos de Miguel prefieren .... gramática.
5. Ustedes necesitan .... para estudiar español.
6. Charo quiere .... en un restaurante.
7. Prefiero .... porque es más cómodo y seguro que la moto.
8. Pablo necesita ....
9. Marina no quiere .... para comer.

4.11. Como sabes, para expresar necesidades e intereses usamos los verbos *necesitar*, *preferir* y *querer* más un sustantivo o un infinitivo. Completa el cuadro siguiendo el ejemplo y utilizando las frases del ejercicio anterior.

Preferir + *infinitivo*
  Prefiero escribir con una pluma.

Preferir + sustantivo........................
  ....

Necesitar + ...
  ....

Necesitar + ...
  ....

Querer + ...
  ....

Querer + ...
  ....

4.12. Completa las frases con los comparativos *más…que, menos…que* y *tan…como*.

1. El tren es .... cómodo .... el autobús.
2. El metro es .... rápido .... la bicicleta.
3. El camión es .... peligroso .... el carro.
4. El avión es .... seguro .... el carro.
5. El carro no es .... ecológico .... la bicicleta.
6. Ir en moto es .... interesante .... ir en metro.
7. El barco es .... emocionante .... el avión.
8. Ir a pie es .... saludable .... ir en carro.
9. El taxi es .... caro .... el metro.
10. La bicicleta es .... divertida .... el camión.

4.13. Completa con los comparativos irregulares adecuados.

> mejor • mejores • peor • peores • mayor (2) • mayores • menor • menores

1. Tengo dos hermanos. Felipe que tiene 16 años y Luis que tiene 15. Felipe es .... que Luis.
2. El tráfico en Guadalajara es malo, en Ciudad de México es malo, malo. Por tanto, el tráfico en la Ciudad de México es .... que en Guadalajara.
3. En mi ciudad hay 2 millones de habitantes y en Querétaro hay 200 000 habitantes; mi ciudad es .... que Querétaro.
4. Mi profesor de Biología es bueno, pero mi profesora de Lengua es muy, muy buena. Entonces, mi profesora es .... que mi profesor.
5. Estos jitomates son malos, malos, son .... que los jitomates de ayer.

4.14. Sustituye los adjetivos por un comparativo irregular.

1. Muy, muy malo ➜ ....
2. Muy, muy grandes ➜ ....
3. Muy, muy buenos ➜ ....
4. Muy, muy pequeñas ➜ ....
5. Muy, muy mala ➜ ....

4.15. Conjuga la persona correcta del verbo *ir*.

1. Mis hermanos y yo .... todos los domingos al cine.
2. (Yo) .... a pie al trabajo.
3. ¿Adónde .... (tú)?
4. Mis amigos .... a un colegio cerca de mi casa.
5. Laura .... con sus papás de vacaciones todos los veranos.
6. ▷ ¿Cómo .... (usted) a casa?
   ▶ (Yo) .... siempre en carro.
7. Ustedes .... en bicicleta hasta la esquina de la calle, y desde allí .... andando porque el camino es muy estrecho.

8. ▷ ¿............................ (ustedes) en avión el domingo a Oaxaca?
   ► No, ... (nosotros) en camión.

9. Mi jefe normalmente .... a la oficina en metro, hay mucho caos de tráfico en el centro de la ciudad.

10. Mis compañeros de trabajo .... a un restaurante regular, yo .... a uno mejor.

4.16. ¿Qué preposición elegimos? ¿*a*, *en* o nada?

1. Voy a estar .... la playa toda la tarde.
2. Vamos .... Buenos Aires dentro de dos semanas.
3. Yo viajo .... el centro de la ciudad todos los días.
4. ¿Dónde .... está Juan?
5. ¿............................ qué hora sales de trabajar?
6. Viven .... un barrio muy típico del centro de la ciudad.
7. Tú vas .... carro normalmente, pero hoy vas .... camión porque el carro no funciona.
8. Tengo dos amigos que viven .... San José.
9. Vivo .... el segundo piso.
10. ¿............................ qué piso vas?

4.17. Ordena las frases siguientes.

1. en / moto / ciudad / Yo / la / voy / centro / de / al
   ....
2. Mis / prefieren / en / amigos / ir / carro
   ....
3. Ustedes / necesitan / el / tomar / no / bus; / está / van / a pie, / cerca
   ....
4. más / Tú / que / yo / joven / eres
   ....
5. ¿escribir / carta / una / (tú) / Reyes / Quieres / a los / Magos?
   ....

4.18. Corrige los errores de las siguientes frases.

1. Pablo va en la universidad en moto.
   ....
2. Mis hermanas prefieren leen el periódico.
   ....
3. Necesito escribir una otra carta para Eva.
   ....
4. Cerca de mi casa está una farmacia.
   ....

5. Susana es tan alta que Cristina.

....

6. Viajar en avión es más mejor que viajar en bicicleta.

....

7. Mi papá prefieres ver las noticias de CNN.

....

8. Laura y Paula van en pie a trabajar.

....

4.19. Relaciona el adjetivo con el correspondiente medio de transporte.

Rápido • • Bicicleta

Romántico • • Barco

Ecológico • • Avión

Caro • • Metro

Barato • • Caminando

Sano • • Camión

4.20. Señala el antónimo de los siguientes adjetivos.

Viejo .... Grande .... Bueno ....

Caro .... Mejor .... Más que ....

Rápido .... Mayores .... Delante de ....

4.21. ¿Dónde estoy?

Completa el diálogo con la palabra o expresión más adecuada.

> Necesito • a la derecha • cerca • al lado de • lejos • está

Es mi primer día en la Ciudad de México. Estoy en el Zócalo, y necesito preguntar muchas cosas. Hay un policía cerca de mí, voy a preguntarle.

▷ Buenos días.

▶ Hola, buenos días. ¿Querías algo?

▷ Sí, no conozco la ciudad. .... ir al metro. ¿Dónde .... ?

▶ Está muy .... Mira, tienes que bajar por aquella escalera y girar ...., ¿entendido? Después giras a la izquierda y allí está el metro. ¿Vas muy .... ?

▷ Voy al bosque de Chapultepec primero y después al museo de Antropología e Historia, el museo más importante del país.

▶ Sí, es verdad. Pues el bosque de Chapultepec está .... el museo de Antropología e Historia. ¡Qué te diviertas!

▷ Gracias, hasta luego.

4.22. Encuentra las 6 palabras ocultas y léelas en voz alta.

NE	ES	TO	TES	BA	RES
ME	TRANS	VIA	TA	CE	SI
TAR	CIÓN	RA	POR	JAR	NO

1. Lugar donde para el tren.
2. Económico.
3. Metro, camión, carro,…
4. Ir de un país a otro.
5. Comparativo irregular (plural).
6. Verbo que expresa necesidad o interés.

4.23. Lee el texto.

El transporte en mi ciudad

En la Ciudad de México hay mucha gente que viaja en transporte público porque es mucho más práctico que usar el carro. El metro es el más rápido de los transportes públicos, además hay muchas líneas y están muy bien comunicadas. Ir en camión es más agradable porque puedes mirar por la ventana y ver la calle, pero es más lento y menos puntual. Yo prefiero tomar el metro que está cerca de casa y en diez minutos llego al trabajo, pero mis compañeros prefieren ir en camión porque quieren relajarse antes de entrar en la oficina.

4.24. ¿Cómo es el metro en la Ciudad de México? ¿Y el camión? Escribe dos adjetivos que encuentres en el texto para cada uno.

Metro: ...., ...

Camión: ...., ...

4.25. Di si estas frases son verdaderas o falsas según el texto.

	verdadero	falso
1. En metro puedes ver la calle y relajarte.	☐	☐
2. El metro es más puntual que el camión.	☐	☐
3. Mis compañeros no quieren ir en camión a trabajar.	☐	☐
4. El metro no está lejos de mi casa.	☐	☐

Unidad 5

5.1. Escribe las personas siguientes de los verbos indicados.

	Pedir	Servir	Vestirse
Yo	....	....	....
Tú	....	....	....
Él/ella/usted	....	....	....
Ellos/ellas/ustedes	....	....	....

¿Qué irregularidad hay en estas personas?
....

5.2. Escribe el presente de los verbos *acostarse* y *despertarse*.

	Acostarse	Despertarse
Yo	....	....
Tú	....	....
Él/ella/usted	....	....
Nosotros/as	....	....
Ustedes	....	....
Ellos/ellas/ustedes	....	....

¿Qué irregularidad hay en estos verbos?
....

5.3. Escribe la primera persona del singular de los verbos siguientes.

Dar	....	Venir	....
Hacer	....	Tener	....
Traducir	....	Decir	....
Salir	....	Oír	....
Conocer	....	Ir	....
Saber	....	Ser	....
Poner	....	Construir	....

5.4. Escribe las horas.

23:00	....
12:30	....
15:45	....
19:25	....
01:05	....
07:56	....
20:15	....
03:38	....

5.5. Carmen García García es una persona famosa y tú vas a hacerle una entrevista para ver a qué hora realiza las siguientes actividades (usa *usted*).

Ejemplo: *levantarse* → ¿A qué hora se levanta?

Despertarse: .... Vestirse: ....

Bañarse: .... Salir de casa: ....

Desayunar: .... Empezar a trabajar: ....

Lavarse los dientes: .... Acostarse: ....

5.6. Haz las preguntas a estas respuestas, como en el ejemplo.

Ejemplo: *Normalmente a las 23, porque estoy muy cansado y me levanto muy temprano.*

¿A qué hora te acuestas?..

Me baño por la noche, prefiero dormir un poco más por las mañanas.
....

A menudo, quiero estar en forma.
....

Son las diez de la mañana.
....

De 8 a 3, de lunes a viernes.
....

5.7. Completa las frases con los verbos del recuadro.

> *vivir* • empezar • viajar • tomar • querer • ver • tener • meter • ir (2) • marcar • dar • transportar

Ejemplo: *Mi amiga Eva* vive *en Santo Domingo.*

1. Mañana (yo) .... las clases de español.
2. Carmen y su novio .... a menudo a Morelia.
3. ¿Me (tú) .... el diccionario que está encima de la mesa?
4. Cine: lugar donde (nosotros) .... películas y documentales.
5. Todos los viernes (vosotros) .... al bar de Tomás.
6. ¿(Ustedes) .... un café con leche? *Sí, gracias.*
7. Para sacar dinero del cajero automático primero (tú) .... la tarjeta, después .... la cantidad de pesos y por último, ... el dinero.
8. (Yo) .... una computadora nueva.
9. Avión: medio de transporte que .... por el aire y .... personas y mercancías.

5.8. Escribe qué uso del presente representa cada una de las frases del ejercicio anterior. Puedes consultar el Apéndice Gramatical de esta unidad.

Ejemplo: *Para dar información sobre el presente.*

1. ....
2. ....
3. ....
4. ....
5. ....
6. ....
7. ....
8. ....
9. ....

5.9. Observa la agenda de Andrés.

Lunes	Martes	Miércoles	Jueves	Viernes	Sábado	Domingo
8:00 Gimnasio	8:00 Gimnasio	8:00 Gimnasio	8:00 Gimnasio	8:00 Gimnasio	8:00 Gimnasio	8:00 Gimnasio
		11:30 Dentista			11:00 Ir de compras	
12:30 Comida con la junta directiva					13:00 Botanas con los amigos	
	15:00 Comida con el jefe		14:30 Reunión de trabajo			14:45 Comida en casa de Mabel
17:30 Salida del trabajo	17:30 Salida del trabajo	17:30 Salida del trabajo	18:30 Salida del trabajo	17:30 Salida del trabajo		
						19:00 Partido ¡América-Chivas!
21:00 Squash		21:00 Squash		21:00 Squash		
	22:10 En el cine con Eva				23:15 De copas con los amigos	

Responde a las preguntas. Recuerda que a veces hay más de una posibilidad.

Ejemplo: *¿Cuándo va Andrés al gimnasio?*

Va al gimnasio todos los días/cada día/de lunes a domingo.

1. ¿A qué hora sale de trabajar?
   ....
2. ¿Qué día va al dentista? ¿A qué hora? (Escribe la hora con palabras).
   ....

NIVEL A1. **COMIENZA**

3. ¿Cuántas veces por semana practica el squash? ¿Qué días?
....

4. ¿Qué hace el lunes a mediodía?
....

5. ¿Qué hace el martes por la noche? ¿A qué hora?
....

6. ¿Cuándo come con su jefe?
....

7. ¿Tiene el viernes una reunión de trabajo?
....

8. ¿Qué día va de compras? ¿Por la mañana o por la tarde?
....

9. Andrés siempre sale con sus amigos. ¿Qué hace? ¿Cuándo y a qué hora?
....

10. ¿Qué hace el domingo por la tarde?
....

5.10. Ordena las frases siguientes (empieza por los adverbios).

Ejemplo: *voy / vez / al mes / peluquería / una / a la /*
Una vez al mes voy a la peluquería.

1. todos / levanto / a las 7:00 / me / los días
....

2. voy / a la / nunca / casi / ópera
....

3. jugo de naranja / desayuno / domingos / los / todos
....

4. pocas / la televisión / veces / veo
....

5. los / de semana / siempre / acostamos / fines / tarde / nos
....

6. música / a / escuchan / clásica / menudo / mis / amigos
....

7. jueves / reunión / todos / a las 14:00 / los / académica / la / tenemos
....

8. cine / semana / vamos / a la / una vez / al
....

9. muchos / en / turistas / siempre / vienen / a / playa / la / verano
....

10. leo / cuando / las / noches / me / todas / acuesto
....

5.11. Ordena los adverbios y expresiones de frecuencia (de más a menos).

> casi nunca • una vez al año • todos los días • a menudo • muchas veces • a veces • dos veces a la semana • dos veces al mes • tres veces al día • cada cinco años

......siempre...... ....
....
....
....nunca......

5.12. Elige la opción correcta.

1. Después de las comidas, es bueno:
   a) ☐ limpiarse.
   b) ☐ despertarse.
   c) ☐ lavarse los dientes.

2. Estoy en un bar y quiero tomar una cerveza.
   a) ☐ Por favor, mesero, ¿me compra una cerveza?
   b) ☐ Por favor, mesero, ¿me trae una cerveza?
   c) ☐ Por favor, mesero, ¿me viene una cerveza?

3. ¿A qué hora vas al gimnasio?
   a) ☐ Son las ocho de la tarde.
   b) ☐ A las ocho por la tarde.
   c) ☐ A las ocho de la tarde.

4. Todos los días desayuno fruta.
   a) ☐ Siempre.
   b) ☐ A menudo.
   c) ☐ De lunes a viernes.

5. ¿Cuál es tu horario de trabajo?
   a) ☐ De 8 a las 5.
   b) ☐ Desde las 8 hasta las 5.
   c) ☐ Desde 8 a 5.

6. ¿Cuándo tienes reunión con el jefe?
   a) ☐ El lunes a las 9.
   b) ☐ En lunes a las 9.
   c) ☐ El lunes en las 9.

7. Si meriendo, como un bocadillo:
   a) ☐ a media tarde.
   b) ☐ por media tarde.
   c) ☐ a la media tarde.

5.13. Descubre la palabra definida.

Empieza por A: Acción de irse a dormir: ....
Empieza por B: Tomar un baño: ....
Empieza por C: Acción de tomar la última comida del día: ....
Empieza por D: Abrir los ojos por la mañana: ....
Empieza por E: Sinónimo de comenzar: ....
Empieza por F: Hábito de inhalar humo por la boca mediante un cigarrillo: ....
Empieza por G: Hablar muy alto: ....
Empieza por H: Fabricar, elaborar: ....
Contiene la I: Ponerse ropa. Empieza por V: ....
Empieza por J: …a las cartas, al tenis, al futbol…: ....
Empieza por L: Lo hacemos con los ojos: ....
Empieza por M: Acción de tomar una comida a media tarde: ....
Empieza por O: Lo hacemos con los oídos: ....
Empieza por P: …a un mesero una cerveza, por ejemplo: ....
Empieza por Q: Desear algo o amar a una persona: ....
Empieza por R: ¿Qué hacemos cuando nos cuentan un chiste o una historia divertida?: ....
Empieza por S: Ordenamos a un mesero una cerveza, y él la …: ....
Empieza por T: Lo hacemos de lunes a viernes o sábados, los domingos no: ....
Contiene la U: Cambiar palabras de una lengua a otra. Empieza por T: ....
Empieza por V: Ir hacia el lugar donde yo estoy: ....
Contiene la Y: Tomar la primera comida del día. Empieza por D: ....

5.14. Recuerdas los días de la semana? Escríbelos.

lunes, ...
....

5.15. ¿Recuerdas los meses del año? Vamos a agruparlos según las estaciones del año.

Ejemplo: *Verano* → junio

Verano	Otoño	Invierno	Primavera
junio			

5.16. Comprensión lectora.

Un día en la vida de Antonio Banderas

▷ Hola Antonio, encantada de hablar unos minutos contigo. Nuestros lectores quieren saber cómo es un día normal en una persona tan famosa como tú.

▶ Hola a todos. Pues un día en mi vida es, más o menos, como un día en la vida de cualquier persona española.

▷ Sí, claro, pero tú eres un actor conocido en todo el mundo y tienes muchos fans y los paparazzis te persiguen, quieren hacerte fotos y saber qué haces y con quién estás, ¿no?

▶ Mira, yo me levanto casi todos los días a las siete de la mañana y a menudo hago gimnasia durante una hora. Después, desayuno con mi esposa Melanie, me baño a las ocho y media y voy al trabajo.

▷ Pero, ¿siempre vas al trabajo a la misma hora?

▶ Normalmente sí. Muchas veces estoy en los estudios de cine desde las nueve de la mañana hasta las nueve de la noche.

▷ ¡Buf! Y cuando llegas a casa, ¿qué haces?

▶ Pues, siempre ceno con mi familia, veo la tele y muy pocas veces me acuesto temprano, como muchos españoles.

▷ Gracias Antonio por tu entrevista y hasta pronto.

Contesta a las siguientes preguntas.

1. ¿Cómo se llama la mujer de Antonio?
   ....

2. ¿A qué hora va Antonio al trabajo?
   ....

3. ¿Con qué frecuencia hace ejercicio?
   ....

4. Normalmente, ¿se acuesta pronto o tarde?
   ....

Di si es verdadero o falso.

	verdadero	falso
A. Antonio pasa doce horas en el trabajo.	☐	☐
B. Por la noche siempre escucha música.	☐	☐
C. Se baña casi siempre a las ocho.	☐	☐
D. Todos los días cena con su familia.	☐	☐

Unidad 6

6.1. Escribe los pronombres que acompañan al verbo *gustar*.

.... / .... / .... / .... / .... / ....

6.2. Relaciona un elemento de la columna A con uno de la columna B.

A	B
	• los carros.
	• la playa.
Me gusta •	• el verano.
	• los helados.
	• la cerveza.
	• jugar futbol.
Me gustan •	• los museos.
	• nadar.
	• el cine.

¿Cuándo usas *me gusta* y cuándo usas *me gustan*?

Me gusta ....

Me gustan ....

6.3. Repite el ejercicio 6.1 y 6.2 pero ahora usa el verbo *encantar*.

.... / .... / .... / .... / .... / ....

A	B
	• los carros.
	• la playa.
Me encanta •	• el verano.
	• los helados.
	• la cerveza.
	• jugar futbol.
Me encantan •	• los museos.
	• nadar.
	• el cine.

¿Cuándo usas *me encanta* y cuándo usas *me encantan*?

Me encanta ....

Me encantan ....

6.4. Escribe el pronombre correspondiente.

> a mí • a ti • a él/ella/usted • a nosotros/as
> • a ustedes • a ellos/ellas/ustedes

Ejemplo: *a mí* → me

....
....

6.5. Completa las frases con la forma verbal adecuada y los pronombres correspondientes.

Tenemos un gran problema. En mi familia somos dos personas y no tenemos los mismos gustos en nada. Por ejemplo: los sábados (a mí, gustar) .... levantarme temprano y a mi marido (gustar) .... estar en la cama hasta más tarde. (A mí, encantar) .... ir a la playa por la mañana y a él, (encantar) .... las horas de más sol, entre las 12 y las 3. Con la comida tampoco tenemos los mismos gustos. No (a nosotros, gustar) .... las mismas cosas. A Carlos, mi esposo, (a él, encantar) .... las comidas fuertes: enchiladas, mole..., a mí en cambio (gustar) .... las ensaladas y las verduras, sobre todo en verano. ¡Qué problema!

6.6. Ordena las siguientes expresiones de más a menos.

> **no me gusta nada • me encanta • no me gusta demasiado • me gusta mucho
> • me entusiasma • me horroriza • me gusta.**

me entusiasma: ....
....

6.7. Conjuga las formas como en el ejemplo.

Ejemplo: *A mis padres (importar)* les importa *muchísimo el resultado del examen.*

1. ¿A mi hermano (pasar) .... algo, creo que tiene algún problema.
2. A tu madre y a mí (gustar) .... salir a bailar los sábados por la noche.
3. ¿(Doler, a ti) .... la cabeza a menudo?
4. (Encantar) .... a mis estudiantes jugar en las clases de conversación.
5. ¿(Quedar, a mí) .... bien este vestido?
6. ¿(Doler, a usted) .... las piernas después de trabajar?

6.8. Haz las preguntas a estas respuestas, como en el ejemplo.

1. *Sí, nos gustan mucho.*   ¿Les gustan a ustedes los tacos con guacamole?
2. No, no me gustan demasiado.   ....
3. Sí, le encanta.   ....
4. Sí, les gusta.   ....
5. No, no nos gusta.   ....

6.9. Di si las frases son correctas o incorrectas. Si no lo son, corrígelas.

1. Me encantan pasear por la playa cuando no hay gente.
....

[treinta y seis] UNIDAD 6 PRISMA LATINOAMERICANO DE EJERCICIOS

2. A mi madre y a mi hermana nos gustan los helados.
....

3. ¿Tus estudiantes les gustan los juegos?
....

4. Si no te gusta el chocolate, puedes pedir crema.
....

5. No les gusta nada las discotecas, les gusta más el cine.
....

6.10. Forma frases como en el ejemplo.

1. A Pedro y a Juan (= A ellos) les gusta jugar a las cartas.
2. ....
3. ....
4. ....
5. ....

Nombres		Aficiones
Pedro y Juan	→	jugar a las cartas
Tú y yo	→	dormir la siesta
Tú y tus amigos	→	ir en moto
Su profesor	→	bailar salsa
¿Tú	→	pasear por la playa?

6.11. Descubre la palabra intrusa en cada una de las columnas.

Cabeza	Platicar	Queso	Pies	Desayuno
Pierna	Salir	Salchicha	Manos	Comida
Vestido	Escuchar	Jamón	Rodillas	Galleta
Dedo	Bailar	Vino	Cara	Cena

....

6.12. Contesta las siguientes preguntas.

1. ¿Qué nombre recibe la primera comida del día en México? ....
2. ¿Cuántos platos se toman durante la comida principal? ....
3. Las botanas, ¿son un tipo de sopa o raciones de comida? ....
4. La merienda, ¿se toma a media tarde o a media mañana? ....
5. ¿Qué nombre recibe la última comida del día? ....

6.13. Termina las frases.

> **tengo tos • estoy cansado • estoy enfermo • tengo fiebre • me duele la cabeza**

1. Voy al médico cuando… ....
2. Si corro 2 *km*… ....
3. Me pongo el termómetro para saber si… ....
4. Tomo una aspirina si… ....
5. Si fumo mucho… ....

6.14. Escribe el presente del verbo *doler*.

Me .... Le .... Les ....

Te .... Nos .... Les ....

¿Qué ocurre en las tres personas del singular y la tercera del plural?
....

6.15. Relaciona un elemento de la columna A con uno de la columna B.

A	B
	• el dedo.
	• los pies.
Me duele •	• los oídos.
	• la espalda.
	• la cabeza.
	• las piernas.
Me duelen •	• el ojo.
	• las manos.
	• el estómago.

6.16. Ordena las palabras y forma frases.

Ejemplo: *encanta / A mí / el cine / me*

A mí me encanta el cine.

1. los pies / le / A él / duelen
....

2. la cerveza / A Juan / no / nada / le gusta
....

3. le / A Javier / los ojos / duelen / por la noche
....

4. comer / bocadillos / A Ana / le gusta / no
....

5. encanta / Nos / viajar
....

6. ¿la comida / de México / gusta / Te?
....

7. duele / le / A / la / barriga / la / niña
....

8. estudiante / El / cansado / está
....

9. hijo / Mi / fiebre / tiene
....

10. duelen / piernas / las / nos / nosotros / A
....

6.17. Completa el diálogo con las palabras y expresiones del cuadro.

> le duele • también • le encanta • es • tiene • fiebre • te gustan
> • buenos días • me

Doctor: .... señora Pérez.

Sra. Pérez: Buenos días, doctor.

Doctor: ¿Qué le pasa?

Sra. Pérez: Esta .... mi hija Patricia, dice que .... la cabeza y el estómago.

Doctor: Voy a tomarle la temperatura para ver si tiene .... ¿Cuántos años tienes?

Patricia: Tengo 10 años.

Doctor: ¿................ los caramelos y los chicles?

Patricia: Sí, ... gustan mucho.

Doctor: ¿Y el chocolate?

Sra. Pérez: El chocolate ....

Patricia: Sí, y .... me gusta comer helados.

Doctor: Bien… Señora Pérez, Patricia no .... fiebre, pero no puede comer comidas dulces ni golosinas durante unos días.

Patricia: ¡Oh! ¿Por qué no?

6.18. Escribe las siguientes palabras en la columna correspondiente.

			Cabeza	Tronco	Extremidades
estómago	espalda	mano			
pie	pierna	hombro			
brazo	rodilla	ojos			
oreja	cintura	nariz			
boca	tobillo	dedos			
codo	cuello	cadera			
pecho	nalgas	ombligo			
frente	lengua	dientes			

6.19. Relaciona cada palabra con el verbo correspondiente.

> tos • la cabeza • la espalda • fiebre • gripa • cansado • el estómago • mareado
> • el brazo • la pierna • enfermo

Tener: tos ....

Doler: ....

Estar: ....

NIVEL A1. **COMIENZA** [treinta y nueve] 39

6.20. Completa el cuadro con esta información.

1. Al estudiante le gusta jugar futbol.
2. La esteticista se llama Marta.
3. Juan casi siempre come bocadillos.
4. A Francisco le encantan las tapas.
5. A Juan le gusta jugar futbol.
6. A la esteticista le gusta mucho hacer deporte.
7. Juan no es abogado.
8. Al abogado le gustan las novelas policíacas.
9. A Marta le encantan las ensaladas.

Nombre	Profesión	Comida	Ocio

6.21. Lee este texto.

Informe médico:

Nombre del paciente: María Flores Martínez
Edad: 29 años
Dirección: Calle del Norte, 42
Población: Guadalajara, Jalisco

Observaciones: La paciente, María Flores, presenta dolores de cabeza fuertes. No tiene fiebre, tampoco presenta síntomas de resfriado común, como tos, dolor de garganta, etc. Le duele especialmente la cabeza cuando lee o mira la televisión, también le duelen los ojos.

Recomendaciones: visitar al oculista porque parece un problema de graduación de la vista.

6.22. Contesta a las siguientes preguntas.

1. ¿Qué síntomas presenta la paciente?
2. ¿Dónde vive la paciente?
3. ¿El médico cree que tiene un problema grave en la cabeza?
4. ¿Qué solución le propone el médico a María?

1. ....
2. ....
3. ....
4. ....

6.23. Sección de contactos: "Busco amigos".

Me llamo Antonio, soy estudiante de Derecho y tengo 19 años. Quiero conocer a chicos o chicas para relación de amistad. Me gusta ir de copas, ir a ver un partido de futbol y leer. También me encantan las películas románticas, pero no me gusta nada la violencia. ¡Ah! Me gusta muchísimo salir a cenar fuera e ir a un buen restaurante porque no me gusta demasiado cocinar. Si tenéis los mismos gustos que yo, escribir a: antonio_gonzalez@yahoo.com

6.24. Di si es verdadero o falso.

	verdadero	falso
A. A Antonio le gusta bastante preparar la comida para los invitados.	☐	☐
B. Antonio busca una chica para salir.	☐	☐
C. Le encantan las películas de amor.	☐	☐
D. Prefiere las películas de acción a un partido de futbol.	☐	☐

Unidad 7

7.1. Recordemos la formación del *gerundio* (que sirve para indicar la acción en desarrollo). Escribe el gerundio de las siguientes formas verbales.

Ejemplo: *hablar* → hablando

cantar	escribir	llover ....
viajar	vivir	comer ....
trabajar	*dormir	volver ....
probar	*decir	*leer ....
cocinar	*seguir	*oír ....

*El gerundio es irregular.

7.2. Completa las frases usando *estar + gerundio*.

1. Ana (estar, dormir) .... en este momento.
2. Mis amigos (estar, cocinar) .... un ceviche de pescado.
3. Mi hermano ahora no (estar, trabajando) ...., está desempleado.
4. Este verano (estar, hacer) .... muchísimo calor en todo el país.
5. (Yo, estar, leer) .... la novela de Gabriel García Márquez, *Yo no vengo a decir un discurso*, y me encanta.

7.3. Completa las frases usando *seguir + gerundio*.

1. Me encanta la música y, como antes, (seguir, escuchando) .... todos los días mis autores favoritos.
2. Ana (seguir, decir) .... que es la mejor cocinera del mundo, y yo creo que es verdad.
3. ▷ ¿(Tú, seguir, viajar) .... a Chiapas en verano?
   ▶ Sí, (seguir, ir) .... todos los veranos, en el mes de agosto.
4. (Seguir, llover) ...., ¡qué rollo! Lleva todo el día así.
5. ¿(Usted, seguir, trabajando) .... en la misma empresa?

7.4. Observa los ejemplos que has escrito en los ejercicios 7.2. y 7.3. ¿Qué diferencia puedes señalar entre las frases donde usamos *estar* y en las que usamos *seguir*?

....
....

7.5. De las frases que te ofrecemos a continuación, tienes que marcar la opción correcta. En algunos casos ambas son correctas.

Ejemplo: *Ana tiene / está teniendo una casa en Cuernavaca.* .....tiene.....

1. La semana que viene *tengo/estoy teniendo* un examen. ....

NIVEL A1. **COMIENZA** [cuarenta y uno] **41**

2. Todos los lunes los alumnos nuevos *hacen/están haciendo* un examen. ....

3. Ahora *llueve/está lloviendo* mucho. ....

4. *Estudio/Estoy estudiando* español desde hace dos meses. ....

5. La pared del despacho *es/está siendo* amarilla. ....

6. Me *duele/Me sigue doliendo* la cabeza. ....

7. Juan *tiene/está teniendo* 40 años. ....

8. El tren *llega/está llegando* en este momento. ....

9. Mis papás *tienen/están teniendo* tres hijos mayores de edad. ....

7.6.
En México, como en casi todos los países, se habla mucho del tiempo. Es importante recordar los diferentes verbos y estructuras que usamos en español para hablar del tiempo atmosférico. Escribe la 3.ª persona del singular de los siguientes verbos.

- hacer ➡ ....
- haber ➡ ....
- llover ➡ ....
- estar ➡ ....
- nevar ➡ ....

7.7.
Relaciona, ahora, las siguientes palabras con los verbos que suelen acompañar.

> tormenta • sol • viento • mal tiempo • aire • calor • nublado
> • frío • mucho calor • fresco • nieve

....
....
....
....

7.8.
Coloca el artículo (el, la) delante de los sustantivos siguientes.

> tierra • mar • aire • viento • luna • sol • calor • lluvia • frío
> • niebla • cielo • nieve • verano • invierno • primavera • otoño • temperatura

....
....

7.9.
Escribe el adjetivo correspondiente de los sustantivos siguientes.

- el frío ➡ ....
- la nube ➡ ....
- el sol ➡ ....
- el calor ➡ ....
- la humedad ➡ ....
- la lluvia ➡ ....

7.10.
Completa el siguiente diálogo (seguimos hablando del tiempo). Ángeles está de vacaciones en Guanajuato y habla con su hija Marta que está trabajando en Puerto Vallarta.

Ángeles: ¡Hola Marta, hija! ¿Qué tal estás?

Montse: Hola, hola, bien, muy bien ¿y tú?, ¿cómo va todo por Guanajuato?

A: Bueno, una de las cosas más importantes de esta época es el calor. Acá normalmente (hacer, fresco) ...., pero este año (hacer, calor) .... también. ¿Y en Puerto Vallarta?

M: Uff, muchísimo calor también. Hoy en la mañana (estar, nublado) .... y (hacer, viento) ...., un poco, no creas que mucho. A ver si (llover) .... pronto. Dicen los meteorólogos que esta primavera seguro que (haber, tormentas) .... muy fuertes.

A: ¡Tormentas! ¡Qué miedo! No me gustan nada. Bueno, Martita, cuídate mucho y vete a la playa que allá no (hacer, tanto calor) ....

M: Seguro, mamá. Cuídate mucho tú también. Un beso.

A. Un beso y hasta mañana, hija.

7.11. Elige entre *muy/mucho* con las expresiones relacionadas con el tiempo.

1. En el norte llueve ....
2. Hace .... calor en todo el país este año.
3. El clima en la costa del Pacífico es .... húmedo.
4. En el norte de México, hace .... frío.
5. En Pachuca, un pueblo precioso del estado de Hidalgo, hace .... viento, muchísimo en primavera.
6. En el sur de México llueve ....
7. En resumen, el clima de México es muy variado: en el norte hace .... calor. El centro es seco y .... caluroso; y el sur es .... húmedo y llueve ....

7.12. Ahora relaciona los elementos de cada columna.

Ejemplo: *Luis tiene mucho dinero.*

- Luis tiene
- En el diccionario hay
- Tengo
- Mi casa no es
- Javier canta
- Mi hermano viaja
- Las clases son
- Carmen tiene

- muy
- mucho/a (s)

- dinero.
- grande.
- calor.
- palabras.
- fiebre.
- a Mérida, en Yucatán.
- mal.
- interesantes.

7.13. En este texto se han cometido algunos errores (7), descúbrelos.

En el noticiero (noticias en la TV) siempre hay una sección dedicada a la información meteorológica; veamos lo que dice el "hombre del tiempo".

Buenas tardes, como ven ustedes en el mapa en la zona norte, especialmente en los estados de Chihuahua, Coahuila y Nuevo León hace nublado y el pronóstico para esta tarde es muy viento, seguro que hay tormenta fuerte. En la zona del Bajío, en los estados de Jalisco, Guanajuato y Aguascalientes, está muchísimo calor y hace muy sol. En el resto de la zona centro la temperatura es mucho agradable y los cielos están despejados. En la zona sur del país, en los estados de Oaxaca y Guerrero, algo muy extraño en estas fechas, es fresco y llueve muy casi todos los días por la noche. Es un fenómeno extraño que nosotros, los meteorólogos, no nos explicamos. En resumen, tiempo normal para esta época, excepto en el sur.

Ejemplo: *hace nublado* ➡ está nublado

.... ➡ .... ➡ ....

.... ➡ .... ➡ ....

.... ➡ .... ➡ ....

7.14. Ordena las siguientes frases.

1. Hidalgo / mucho / En / de / aire / norte / hace / el
   ....

2. necesito / llueve / paraguas / Cuando / un
   ....

3. niños / hacen / invierno / de / En / nieve / los / muñecos
   ....

4. mucho / agosto / a / nos / gusta / la / En / ir / playa
   ....

5. aparato / sirve / un / para / que / hablar / Es
   ....

6. vemos / está / porque / sol / No / el / nublado
   ....

7. Hoy / un / espléndido / día / hace
   ....

8. gustan / me / Sigo / mucho / estudiando / y / los / este / año / profesores
   ....

9. le / A mi / encanta / lluvia / hermano / la
   ....

10. no / el viento / gusta / A mí / nada / me
    ....

7.15. Relaciona las frases del ejercicio anterior con la palabra adecuada.

☐ Calor ☐ Viento ☐ Nube
☐ Nieve ☐ Teléfono ☐ Lluvia

7.16. Completa el crucigrama y descubre una estación del año, utilizando una letra de cada una de las palabras.

1. _ _ _ _ _ _ _ _ _   Cielo sin nubes.
2. _ _ _ _ _   Primer mes del año.
3. _ _ _ _   Lo contrario de calor.
4. _ _ _ _ _ _   Me despierto por la…
5. _ _ _ _ _ _   Lo contrario de invierno.
6. _ _ _ _ _   3.ª persona del singular del presente del verbo nevar.
7. _ _ _ _ _ _   Caer agua del cielo.
8. _ _ _ _ _ _ _ _   Cuando hay rayos y truenos.
9. _ _ _ _   Sinónimo de viento.

7.17. Señala la opción correcta de las siguientes situaciones.

1. Juan y Pedro se encuentran en la parada de autobús.

   Juan: Hola Pedro, ¿qué tal?

   Pedro: Bien, bien, pero hace un frío horrible.

   ☐ a) Juan: Es verdad, hace frío.

   ☐ b) Juan: Es verdad, hace muchísimo frío.

   ☐ c) Juan: Es verdad, no hace nada de frío.

2. Carmen y Ana se encuentran en la cafetería La Amistad.

   Carmen: Ana, ¡qué alegría verte!, ¿cómo estás?

   Ana: Bueno, bien. ¿Y tú?, ¡qué bien estás!

   Carmen: Es que ahora trabajo en un Centro de Estética y me cuido más.

   Ana: Ah, entonces…

   ☐ a) ¿ya no sigues trabajando en la escuela de recepcionista?

   ☐ b) ¿ya estás trabajando en la escuela de recepcionista?

   ☐ c) ¿ya trabajas en la escuela de recepcionista?

7.18. Hay dos verbos que solo se usan para hablar del tiempo, los otros tienen otro significado.

a) llover   c) hacer   e) tener

b) nevar   d) ser   f) haber

7.19. Lee este texto.

Conversación telefónica:

(¡Ring, ring!)

▶ ¿Bueno?

▷ ¿Está Mauricio, por favor? Soy Javier, de Guanajuato.

▶ ¡Hola Javier!, soy yo, ¿qué tal estás?

▷ Bien… Mira, es que este fin de semana voy a Puerto Vallarta y quiero saber qué tiempo hace allá.

▶ Pues ahora hace mucho calor, estamos a 30 grados, y acá el calor es muy húmedo.

▷ Acá en Guanajuato estamos a 30 grados también, pero el calor es más seco y hace mucho viento. A mediodía no podemos salir de casa, y solo podemos estar en la alberca.

▶ Pues, si vienes, puedes ir a la playa porque hace aire y la temperatura es más agradable que en el centro de la ciudad.

▷ ¡Ah sí! ¡Qué bien! ¿Y pueden ir a la playa todo el año?

▶ Bueno, en verano llueve mucho pero casi siempre por las noches. En cambio, en otoño y en primavera puedes pasear por la playa porque el clima es suave. A veces en estas estaciones llueve y hace un poco de fresco.

▷ En Guanajuato en invierno hace mucho frío y en verano mucho calor. Hay muchos contrastes de temperatura entre las estaciones.

▶ ¡Pásalo bien en Puerto Vallarta!

▷ Gracias y hasta pronto.

7.20. Contesta a las siguientes preguntas.

1. ¿De dónde es Javier? ....
2. ¿Dónde hace más calor ahora, en Guanajuato o en Puerto Vallarta? ....
3. ¿Cómo es el clima en Puerto Vallarta en primavera y en otoño? ....
4. ¿Qué tiempo hace en Guanajuato en invierno? ....

7.21. Di si es verdadero o falso.

	verdadero	falso
1. Ahora en Puerto Vallarta está lloviendo.	☐	☐
2. Ahora en Guanajuato hace mucho calor.	☐	☐
3. En Puerto Vallarta, en invierno nieva mucho.	☐	☐
4. El calor es más seco en Guanajuato y más húmedo en Puerto Vallarta.	☐	☐

7.22. Relaciona las frases con la columna de la derecha para completar las frases.

1. ¡El día de hoy .... muchísimo!   (a) nieve
2. Cuando hace mucho sol uso siempre mis ....   (b) llueve
3. En las montañas es muy común que haya .... en invierno.   (c) abrigo
4. Mi estación favorita es .... pues puedo ir a la playa.   (d) está leyendo
5. En México .... mucho durante verano, pero solo por las noches.   (e) mucha
6. Está lloviendo mucho, es mejor llevar tu ....   (f) está lloviendo
7. Uso mi .... cuando hace mucho frío.   (g) muy
8. Marcos .... el periódico.   (h) verano
9. Estos libros son .... interesantes.   (i) paraguas
10. Fito tiene .... hambre, ¡pobre!   (j) gafas oscuras

7.23. Lee las frases y contesta.

1. ¿Qué le pasa a Fito?
....
2. ¿Qué uso cuando hace mucho frío?
....
3. ¿Cómo son los libros?
....
4. ¿Qué hay en las montañas en invierno?
....
5. ¿Qué hace Marcos?
....
6. ¿Qué uso cuando hace sol?
....

Unidad 8

8.1. Lee el texto y busca la pregunta adecuada para responder a la frase que está en *negrita*.

Hoy en la mañana el mercado está imposible. ¡Qué precios! Una barra de pan **cuesta 15 pesos**; los jitomates y las peras **están a 50 pesos el kilo;** cuatro plátanos **cuestan 20 pesos** y una lechuga **vale 12 pesos**. ¡Qué precios!

> **Ejemplo:** *¿Cuánto cuesta una barra de pan?*

....
....
....
....

8.2. Relaciona los adjetivos y pronombres demostrativos con los adverbios de lugar *acá, ahí, allá*.

> **Ejemplo:** *estos* → *acá*

Estos, esos, estas, aquellas, ese, aquel, este, aquellos, aquello, eso, esa, esta.

- **Acá:** ....
- **Ahí:** ....
- **Allá:** ....

8.3. Señala el adjetivo demostrativo correspondiente.

> **Ejemplo:** *(Acá)* ..Estas..... *camisas.*

(Acá) .... libro.   (Ahí) .... manzanas.   (Allá) .... melón.
(Acá) .... huevos.   (Ahí) .... pescado.   (Allá) .... cerveza.
(Acá) .... panadería. (Ahí) .... carne.   (Allá) .... calamares.
                                        (Ahí) .... jitomates.   (Allá) .... tortas.

8.4. Señala el adjetivo o pronombre demostrativo adecuado.

En la panadería

▷ Buenos días, quería una barra de pan.
▶ ¿Le gusta (acá) ....?
▷ No, mire perdone, mejor (allá) ...., que está menos cocida.

En la frutería

▷ ¿A cómo están hoy los jitomates?
▶ ¿Cuáles? ¿(Acá) .... o (ahí) ....?
▷ (Acá) ...., ... que tienen muy buen aspecto.
▶ (Acá) .... están un poquito más caros, a 50 pesos el kilo.

NIVEL A1. **COMIENZA** [cuarenta y siete] **47**

8.5. ¿Puedes recordar brevemente cuándo usamos los siguientes demostrativos?

- **Este/a/o(s)** ....
- **Ese/a/o(s)** ....
- **Aquel/aquella/o(s)** ....

8.6. Con los siguientes pronombres y adjetivos indefinidos, ¿cuáles se refieren solo a personas, solo a cosas o a ambos?

> algo • nadie • alguno • algún • nada • alguien • ninguno • ningún
> • alguna • ninguna • algunos • algunas

- **Personas:** ....
- **Cosas:** ....
- **Personas y cosas:** ....

8.7. Completa las frases siguientes usando *nadie, nada, alguien, algo*.

▷ ¿Quieres tomar ....?

▶ No, gracias, no quiero ....

▷ ¿Hay .... en casa?

▶ No, no veo a ...., y es extraño porque Juan hace una hora que llamó por teléfono desde aquí.

▷ Hay .... que me preocupa.

▶ ¿Qué dices?

▷ ...., ..., pienso en voz alta.

▷ ¿........................ sabe el Subjuntivo en esta clase?

▶ No, todavía .... Vamos a estudiarlo más adelante.

8.8. Completa las frases siguientes usando *algún, alguno, alguna, algunos, algunas, algo*.

1. Tengo .... libros que te van a gustar mucho.
2. ¿Necesitas ....?
3. .... muchachas de la clase van a ir de tiendas hoy.
4. .... ejercicio ha quedado incompleto, lo siento.
5. Juana tiene .... idea interesante sobre nuestro viaje.
6. .... de ustedes me preocupa.
7. .... lechugas hay que lavarlas bien.
8. Tengo .... de dinero, pero no mucho.
9. .... plátanos están malos, no se pueden comer.
10. .... año voy a viajar a Yucatán.

8.9. De las frases anteriores, transforma las frases 2, 4, 5, 6 y 8 en forma negativa usando *ninguno, ninguna, nada*.

Ejemplo: *Frase n.º 2* ➜ ¿No necesitas nada?

Frase n.º 4 ....
Frase n.º 5 ....
Frase n.º 6 ....
Frase n.º 8 ....

8.10. Sustituye el nombre por el pronombre objeto directo (lo, los, la, las) correspondiente.

Ejemplo: *La televisión* → la *compro*.

- El pan → .... como.
- La fruta → .... lavo.
- El pescado → .... limpio.
- Los huevos → .... frío.
- Las naranjas → .... pelo.
- Unas revistas → .... leo.
- La música → .... oigo.
- Un carro → .... manejo.
- La televisión → .... pongo.
- Los árboles → .... riego.

8.11. Sustituye las palabras que se repiten por pronombre cuando sea posible.

Ejemplo: *La ponemos.*

¡Hoy cocino yo! Macarrones con aceitunas y atún.

No me gusta mucho la cocina, pero hoy voy a cocinar un plato de pasta muy, pero que muy bueno.

Salsa

Pelamos una o dos cebollas. Cortamos la cebolla y ponemos la cebolla [la ponemos] en una cazuela con aceite. Abro una lata de atún y añado el atún a la cazuela. Abro una lata de aceitunas y pongo las aceitunas en la cazuela. Tapo la cazuela con una tapadera. A fuego lento, añado jitomate.

Macarrones

Pongo una cazuela con agua al fuego. Cuando el agua está hirviendo, añado los macarrones. Muevo los macarrones. Cuando están cocidos los macarrones, saco los macarrones y pongo los macarrones en una fuente.

Sirvo los macarrones con la salsa y un poquito de romero. ¡Qué buenos!

Salsa: ....
....
....

Macarrones: ....
....
....

8.12. Completa con el pronombre de objeto directo adecuado (me, te, la, lo, las, los, nos, los).

1. ▷ ¿Dónde tienes las llaves?
   ▶ .... tengo en el bolso.
2. ▷ ¿Me quieres?
   ▶ Sí, de verdad, ... quiero muchísimo.
3. ▷ ¿Compras tú la fruta hoy?
   ▶ Sí, ... compro al venir del trabajo.
4. ▷ ¿Nos llevas a casa en el coche, por favor?
   ▶ Sí, claro, ... llevo ahora mismo.
5. ▷ ¿Ves a tus vecinos desde el balcón?
   ▶ Sí, ... veo y hablo con ellos.
6. ▷ ¿Qué dice la radio?
   ▶ No sé, no .... oigo.
7. ▷ ¿Estudias vocabulario todos los días?
   ▶ No, no .... estudio todos los días, no tengo tiempo.

8.13. Contesta a las siguientes preguntas usando el pronombre adecuado.

1. ¿Riegas las plantas? Sí, ... riego.
2. ¿Manejas tu coche? No, hoy no .... manejo.
3. ¿Ponemos un poquito la televisión? No, no .... ponemos, los programas son pésimos.

4. ¿Cocemos los macarrones? Sí, ahora .... cuezo.
5. ¿Oyes la música de los vecinos? No, no .... oigo.
6. ¿Haces la cama todos los días? Sí, por supuesto .... hago siempre.
7. ¿Cierras la ventana, por favor? Sí, ... cierro enseguida.
8. ¿Cueces mucho la pasta cuando cocinas? No, no .... cuezo mucho.
9. ¿Fríes los huevos con aceite de oliva? Sí, ... frío siempre con aceite de oliva.
10. ¿Me cuentas las últimas noticias del trabajo? No, no te .... cuento.

8.14. Puedes recordar brevemente cuando usamos los pronombres de objeto directo.
- **Lo:** ....
- **La:** ....
- **Los:** ....
- **Las:** ....

8.15 Una receta de cocina.

Ingredientes: 3 papas grandes, 2 cebollas, 4 huevos, sal, aceite.
Modo de preparación:

Primero pelas las papas y las cebollas, y después las cortas a trocitos. Pones aceite en una sartén, y cuando está caliente, echas los trozos de papa y cebolla y los vas removiendo. Bates los huevos y les echas sal. Después añades los huevos batidos a la sartén y cuando está todo compacto, le das la vuelta a la tortilla con un plato encima. Unos minutos y ya está lista para comer.

A. Busca dos pronombres de objeto directo que aparecen en el texto:
1. ....   2. ....

B. Escribe el infinitivo de los verbos que aparecen subrayados en el texto:
....

8.16 ¿Recuerdas dónde podemos comprar los siguientes productos?

1. Una barra de pan. → Panadería..............
2. Un kilo de plátanos. → ....
3. Un paquete de tabaco. → ....
4. Un frasco de Chanel N.º 5. → ....
5. Un pescado fresco. → ....
6. Un kilo de carne. → ....
7. Un ramo de flores. → ....
8. Una caja de bombones. → ....
9. Una botella de leche. → ....
10. Una camisa. → ....

8.17. Vamos al supermercado para hacer la compra. Tenemos muchas cosas que comprar. Pedro compra comida y yo otros productos. ¿Puedes ayudarnos a repartirlos en dos columnas?

pan • colonia • jitomates • ensalada • flores • un cepillo de dientes • huevos • pañuelos de papel • naranjas • el periódico • salchichas • papas fritas • un pastel • velas • embutido • lejía

Comida	Otros productos
....	....
....	....
....	....
....	....
....	....

8.18. Vamos a definir. Usa la preposición *para* y define el uso de los objetos que te indicamos.

Ejemplo: *Son unas tijeras. Las tijeras sirven para cortar.*

1. Celular. ....
2. Una pluma. ....
3. Dinero. ....
4. Una cuchara. ....
5. Un tenedor. ....
6. Un cuchillo. ....
7. Una cama. ....
8. Un reloj. ....
9. Un libro. ....

8.19. ¿Qué tal los números? Yo tengo problemas. He comprado una casa y necesito muebles. ¿Me ayudas? ¿Puedes escribir el número?, así es más fácil para mí.

Un sofá 2200 pesos. dos mil doscientos ....
Un refrigerador 4500 pesos. ....
Una cama y un colchón 4300 pesos. ....
Una mesa para el salón 1800 pesos. ....
Seis sillas, cada silla 850 pesos. ....
Una lavadora 6850 pesos. ....
En total son .... pesos. ¡QUÉ CARO!
No, no voy a comprar la mesa para el salón. −1800 pesos. ....
No, no voy a comprar seis sillas, solo dos. −3400 pesos. ....
En total ahora son .... pesos.

8.20. Relaciona cada cifra con su número correspondiente.

1. Sesenta mil trescientos cincuenta y siete	40 534
2. Un millón doscientos treinta y cuatro mil cuatrocientos ochenta y nueve	4534
3. Cinco mil novecientos cuarenta y uno	1322
4. Trece mil veintidós	13 022
5. Seiscientos tres mil quinientos setenta y cinco	1 234 489
6. Mil trescientos veintidós	123 448
7. Cuarenta mil quinientos treinta y cuatro	5941
8. Cincuenta y nueve mil cuatrocientos once	59 411
9. Cuatro mil quinientos treinta y cuatro	603 575
10. Ciento veintitrés mil cuatrocientos cuarenta y ocho	60 357

8.21. En una tienda de ropa.

Dependiente: Hola, buenos días, ¿qué quería?
Clienta: Busco un vestido de noche.
Dependiente: ¿Cómo lo quiere? ¿Largo o corto?
Clienta: Corto, pero elegante.
Dependiente: Muy bien, acá tenemos este, de color rojo pasión, y allá, en el otro escaparate, tenemos ese, azul turquesa.
Clienta: ¡Oh! ¡Este es increíble! ¿Pero no puedo ver ese de allá, el azul?
Dependiente: No se preocupe, voy a buscarlo.
Clienta: ¡Oh! ¡Este también es magnífico!
Dependiente: ¿Quiere probárselos?
Clienta: ¡Oh, no! Los dos son tan bonitos que prefiero no decidir cuál me gusta más.
Dependiente: Perdón, ¿cómo dice?
Clienta: ¡Voy a otra tienda! En esta tienen demasiados vestidos. ¡Adiós!

Di si es verdadero o falso.

	verdadero	falso
1. La clienta quiere un vestido largo de noche.	☐	☐
2. El vestido azul turquesa está en un escaparate diferente.	☐	☐
3. Los dos vestidos le gustan a la clienta.	☐	☐
4. La clienta quiere una tienda con más variedad de vestidos.	☐	☐

8.22. En unos grandes almacenes.

Dependiente: ¡Buenas tardes! ¿Quieren algo?
Clientes: Queremos alguna cosa para regalo.
Dependiente: ¿Para hombre o mujer?
Clientes: Para una muchacha de 20 años.
Dependiente: ¿Tienen alguna idea? Algo para vestirse… ¿un pañuelo como este, por ejemplo?
Clientes: ¡Uy, no! ¿Tienen algo para decorar la casa?
Dependiente: No, nada. Esta es la sección de regalos, la sección de "hogar" está allá, al fondo del pasillo.
Clientes: Muchas gracias, hasta luego.
(En la sección de "hogar")
Clientes: Buenas tardes, queríamos algo para una amiga, algún jarrón o alguna planta para regalarle.
Dependiente: Acá tenemos un jarrón persa del año 800, es una verdadera pieza de coleccionista y solo cuesta 750 000 pesos.
Clientes: Pero, pero... es que... nos parece bastante caro.
Dependiente: Si el precio es un problema, podemos dejarlo por 725 000 pesos.
Clientes: No, no, no importa, adiós, hasta otro día, adiós.

Contesta a las siguientes preguntas.

1. ¿Cuántas secciones visitan los clientes para encontrar un regalo?
   ....
2. ¿Qué compran en la sección de regalos?
   ....
3. ¿Dónde está la sección de "hogar"?
   ....
4. ¿Por qué no compran el jarrón persa?
   ....

Unidad 9

9.1. **Lee el texto siguiente y señala las perífrasis que encuentres.**

¡Qué bien, hoy es viernes! Este fin de semana va a ser increíble. Para empezar, hoy en la noche vamos a cenar en ese restaurante tan bonito junto a la playa. Vamos a ir cinco o seis, no sé si Ángel puede venir. Después de la cena, pensamos ir a la discoteca "Capitol Club", un ratito, no toda la noche, claro. El sábado tenemos que levantarnos pronto, vamos a hacer una excursión hasta al parque de la Bufa. Pensamos caminar y disfrutar mucho de la naturaleza. Hay que llevar ropa cómoda y zapatos o botas adecuados para el campo. El domingo pienso dormir hasta las diez. más o menos, leer el periódico y en la tarde quiero ir al cine. Un fin de semana *completo*.

Ejemplo: *va a ser*

....
....
....
....

9.2. **¿Puedes señalar la diferencia entre las siguientes perífrasis?**

1. **Ir a + infinitivo**
....

2. **Pensar + infinitivo**
....

3. **Tener que + infinitivo**
....

4. **Hay que + infinitivo**
....

5. **Deber + infinitivo**
....

9.3. **Escribe el verbo en la forma correcta.**

1. Mis jefes (ir) .... a abrir una nueva empresa en Chile.
2. Carmen no (pensar) .... ir en Navidad a España, hace mucho frío.
3. ¿Cuándo (querer, tú) .... comer conmigo la próxima semana?
4. No (pensar, yo) .... salir hoy en la noche, estoy muy cansado.
5. La gente (deber) .... dejar el tabaco de una vez.
6. ¿Qué (pensar, ustedes) .... hacer en el verano? ¿(Ir, ustedes) .... al extranjero o (preferir, ustedes) .... quedarse en México?
7. El próximo año (ir, yo) .... a hacer el viaje de mis sueños, me voy a ir al Tíbet.
8. ¿(Poder, tú) .... venir un momento, por favor?
9. ¿Qué (pensar, tú) .... hacer en esta situación?
10. Esteban (tener) .... que trabajar el próximo fin de semana, no (poder) .... venir con nosotros.

NIVEL A1. **COMIENZA** — [cincuenta y tres] **53**

9.4. Las siguientes frases (perífrasis verbales) expresan: planes y proyectos, obligación o recomendación y obligación impersonal. Clasifícalas.

Tengo que trabajar toda la noche.
Hay que estar en el aeropuerto una hora antes del vuelo.
Voy a levantarme temprano el próximo sábado.
Luis tiene que pintar la casa antes del traslado.
Ustedes tienen que cuidar a su mamá, está muy nerviosa últimamente.
Vamos a comprar los boletos del viaje hoy en la tarde.
¿Hay que limpiar toda la casa?
¿A qué hora vas a llegar?
¿Qué hay que hacer?

Planes y proyectos
....
....
....

Obligación o recomendación
....
....
....

Obligación impersonal
....
....
....

9.5. Carmen y Pedro parece que tienen problemas y no se ponen de acuerdo. Escribe la forma correcta de los verbos.

▷ **Carmen:** ¿(Ir, nosotros) .... al cine hoy en la tarde con los niños?

▶ **Pedro:** Uy, yo hoy no (pensar) .... moverme de casa, estoy muy cansado.

▷ **Carmen:** Hay que ir de compras mañana sábado.

▶ **Pedro:** ¿Mañana? ¿(Nosotros, tener) .... que ir de compras mañana? Imposible, mañana (ir, yo) .... a ir con Pablo, mi compañero de trabajo a la oficina, (nosotros, tener) .... que revisar unos papeles para la reunión del lunes.

▷ **Carmen:** Pedro, ¿qué (pensar, tú) .... hacer el domingo? (Preferir, yo) .... preguntarte antes porque mis planes y proyectos no te gustan.

▶ **Pedro:** Perdona, Carmen, es verdad que el sábado estoy ocupado. Mira, el domingo si quieres, (poder, nosotros) .... ir al cine o si prefieres (ir, nosotros) .... hasta el centro y vemos algún museo, ¿sí?

▷ **Carmen:** Bueno, muy bien; el domingo vamos a...

9.6. ¿Qué piensas que van a hacer el domingo Carmen y Pedro? Escribe libremente unos posibles planes (desde la mañana a la noche).

El domingo por la mañana ....
Después ....
Más tarde ....
Van a comer en ....
Por la tarde ....
Luego ....
Sobre las nueve de la noche ....

9.7. Elige la opción más adecuada a la situación.

1. **En la agencia de viajes.**
   ▷ Acá tiene el boleto de avión, señora. Su vuelo sale a las 19:00 horas, el domingo día 7 de diciembre.
   ▶ ¿A qué hora es necesario estar en el aeropuerto?
   a) En el aeropuerto va a estar a las 18:00 horas.
   b) En el aeropuerto piensa estar a las 18:00 horas.
   c) En el aeropuerto hay que estar a las 18:00 horas.

   ....

2. **Los exámenes finales de la universidad.**
   ▷ Juan, ponen la última película de Almodóvar en los Multicinemas.
   ▶ No puedo, Carlos. El examen de Anatomía es la próxima semana.
   ▷ Anda, vamos, ¿sí?
   ▶ No, no y no,
   a) tengo que estudiar todo el fin de semana.
   b) pienso estudiar todo el fin de semana.
   c) hay que estudiar todo el fin de semana.

   ....

3. **Planes para el invierno.**
   ▷ Este invierno…
   ▶ ¿Qué pasa este invierno?
   ▷ Este invierno voy a cumplir el sueño de mi vida.
   ▶ ¿Sí?
   ▷ Este invierno,
   a) tengo que hacer un crucero por el Caribe.
   b) debo hacer un crucero por el Caribe.
   c) pienso hacer un crucero por el Caribe.

   ....

4. **La abuela Ángeles habla con su nieto Daniel.**
   ▷ Daniel, ¿qué tal la prepa?
   ▶ Buf, regular abuela. La profesora nos da muchas tareas y, además, es muy antipática.
   ▷ Bueno, bueno, Daniel, qué exagerado.
   ▶ No abuela, de verdad, es muy seria.
   ▷ Daniel, lo que pasa es que,
   a) hay que estudiar más.
   b) debes estudiar más.
   c) piensas estudiar más.

   ....

5. **Mañana es el cumpleaños de Isabel.**
   ▷ Lola, ¿qué le compramos a Isabel por su cumpleaños?
   ▶ No sé, no tengo ni idea.
   ▷ ¿Le compramos el último libro de Mario Vargas Llosa?
   ▶ ¿Ya está en la librería?
   ▷ No sé,
   a) voy a acercarme a ver si lo tienen.
   b) tengo que acercarme a ver si lo tienen.
   c) debo acercarme a ver si lo tienen.

   ....

9.8. Este vocabulario está relacionado con el tiempo libre o el trabajo y estudios. ¿Puedes agruparlo?

> agenda • cine • clase • aperitivo • paseo • reunión con el director • tarde libre • excursión • tarea • oficina • empresa • horario • descanso • amigos • libro de texto • discoteca • sueldo • jefe • diversión • teatro

Tiempo libre/Ocio	Trabajo/Estudios
Cine	Agenda
....	....
....	....
....	....
....	....
....	....
....	....
....	....
....	....

9.9. Lee el diálogo siguiente y señala las expresiones que indican rechazo de una sugerencia.

Andrea: Santiago, ¿qué te parece si nos vamos al Caribe?

Santiago: ¡El Caribe! Uy, no, no me parece una buena idea.

A: ¿Por qué no?

S: Porque hace mucho calor en esta época del año. ¿Qué te parece Alaska? Tiene que ser impresionante.

A: ¿Alaska? Ni loca Santiago. ¡Qué horror! ¡Qué frío!

S: Bueno, y ¿qué vamos a hacer? ¿Adónde nos vamos a ir?

A: ¿Y Acapulco? Buen clima, playas...

S: ¡Qué aburrido! Acapulco no es nada original.

A: Mejor, lo pensamos en otro momento, ¿sí? Porque no nos ponemos de acuerdo.

S: Sí, en otro momento.

Santiago: ....

Andrea: ....

9.10. ¿Recuerdas a Andrés? (Unidad 5). Observa con atención su agenda para el próximo fin de semana.

Viernes	Sábado	Domingo
8:30 Trabajar	10:30 Ayudar a Eva a limpiar la casa	10:00 Al zoológico con los niños
14:30 Comida de trabajo	15:00 Comida en casa de Teresa	13:45 Botanas en *El Tomás*
17:00 Partido de squash con Eduardo	18:00 Paseo por el Zócalo con los amigos	16:15 Fiesta de cumpleaños de Marina
00:15 En la puerta de los Multicinemas. *Harry Potter y las reliquias de la muerte.*		21:30 A descansar, el lunes hay que trabajar

9.11. Haz una redacción explicando lo que va a hacer de viernes a domingo. Utiliza las perífrasis.

Andrés, el viernes en la mañana va a ....

....

....

....

....

....

....

....

9.12. Responde a las siguientes preguntas. Justifica tu respuesta.

1. ¿Puede el domingo por la noche cenar con sus padres?

   No, es que ....

2. ¿Puede ir el sábado a las 11:30 h. de compras?

   ....

3. ¿Puede ir el domingo por la tarde al cine?

   ....

4. ¿Puede visitar la ciudad el viernes por la mañana?

   ....

5. ¿Puede comer en casa de Manuel el sábado?

   ....

9.13. Lee: ¿Qué hay que hacer para ser el estudiante "perfecto"?

1. Hay que estudiar mucho.

2. Hay que llegar pronto a clase.

3. Hay que hacer las tareas siempre.

4. Hay que estar despierto.

5. Hay que ayudar a los otros estudiantes.

Escribe cinco frases contrarias a las anteriores, como en el ejemplo.

¿Qué hay que hacer para ser el estudiante "imperfecto"?

1. Hay que estudiar poco. ....

2. ....

3. ....

4. ....

5. ....

NIVEL A1. **COMIENZA**

9.14. Lee estas dos cartas y responde a las preguntas.

Querido Alberto:

Te escribo desde mi nuevo apartamento de Guanajuato. Ya sabes que estoy acá porque voy a perfeccionar mi español y pienso trabajar muy duro durante las próximas semanas. Claro que también voy a disfrutar de la ciudad, que es maravillosa. Para empezar, mañana pienso visitar La Catedral y pienso pasear por el Jardín Unión, además, este fin de semana voy a salir con los compañeros de clase y vamos a ir a una disco que está en la Plaza de la Paz. Ya sé que estás pensando en que tengo que estudiar...

Sí, está bien, debo aprender mucha gramática pero debo practicarla también, ¿no crees? Y para hablar hay que conocer a gente y la gente está en las calles. Así que..., creo que esta noche voy a salir unas horas, porque tengo que practicar la expresión oral.

Bueno, hasta pronto.
Un beso,

Tu hermanita que te quiere,
Martha.

Hola Martha:

Estoy muy contento porque estás en Guanajuato y vas a vivir muchas experiencias nuevas, pero estás allá porque tienes que pasar un examen muy importante y debes concentrarte en eso. Si sales todas las noches, vas a estar muy cansada y tienes que asistir a las clases.

Si no estudias, voy a tener que enseñarle a papá tu carta.

Tu hermano mayor,
Alberto

9.15. Contesta a las siguientes preguntas.

1. ¿Qué planes tiene Martha para mañana?
   ....
2. ¿Por qué está estudiando en Guanajuato?
   ....
3. ¿Qué va a hacer Alberto si su hermana no estudia?
   ....
4. ¿Qué va a hacer Martha después de terminar la carta?
   ....

9.16. Di si es verdadero o falso.

	verdadero	falso
1. Martha es la hermana menor de Alberto.	☐	☐
2. Alberto da consejos a su hermana.	☐	☐
3. Martha y Alberto van a salir el fin de semana.	☐	☐
4. Alberto piensa que Martha no va a pasar el examen si no asiste a las clases.	☐	☐

Unidad 10

10.1. Señala las expresiones del texto que indican negación. Carmen está en cama el día después de la fiesta de año nuevo.

Ejemplo: *no me puedo levantar.*

Hoy **no me puedo levantar**. Me duele todo el cuerpo de la fiesta de anoche. ¡Ni hablar! No me levanto. Tengo que estudiar tres temas para el último examen, solo tres temas. Bueno, bueno, no es verdad, son cuatro. Pero..., no vuelvo a salir un jueves en la noche, nunca jamás. Mi mamá me está llamando, el despertador está sonando..., que no, no y no, de verdad no puedo. Hoy no me puedo levantar.

....

....

10.2. ¿Puedes clasificar las expresiones anteriores en tres grupos?

Negación neutra	Negación fuerte	Doble negación
....	....	....
....	....	....
....	....	....
....	....	....

10.3. Relaciona un elemento de la primera columna con un elemento de la segunda columna (elige la opción más adecuada).

1. ¿Vamos al cine hoy en la tarde?
2. América Latina es muy homogénea.
3. ¿Quieres casarte conmigo?
4. ¡Me encanta esta ciudad!
5. ¿Cenamos esta noche en un restaurante chino?
6. ¿Salimos hoy en la noche?
7. ¿Me das 100 pesos?
8. ¿Van a tener otro hijo?
9. Carmen es encantadora, ¿verdad?
10. ¡Me prestas tu computadora!

A. ¿Seguro? ¿Y qué me dices del tráfico?
B. ¡Claro! Quiero ver la última de Almodóvar.
C. ¡Sí, seguro! Y los mexicanos y los argentinos nos parecemos mucho, ¿no?
D. ¡Cómo crees! ¡Tú estás loco!
E. ¡Ni loco! No me gusta nada esa comida.
F. No, no te la dejo.
G. ¡Cómo crees! Tengo un examen mañana.
H. ¡Ni locos! Ya somos familia numerosa.
I. ¡Sí, seguro! Y luego, yo me quedo sin dinero.
J. ¿Seguro? ¿y qué me dices de su carácter?

1	2	3	4	5	6	7	8	9	10
☐	☐	☐	☐	☐	☐	☐	☐	☐	☐

NIVEL A1. **COMIENZA**

10.4. Los adjetivos. Busca el contrario de cada uno.

> divertido • tolerante • trabajador • alegre • lógico • violento • simpático • malo • hablador • *puntual*

> callado • pacífico • *impuntual* • aburrido • antipático • flojo • ilógico • bueno • intolerante • triste

puntual ➔ impuntual

10.5. ¿Recuerdas la morfología del verbo *gustar*? El verbo *parecer* se construye igual. Escribe el presente del verbo *parecer*.

Singular	Plural
Me	Nos ....
....	....
....	....

10.6. Además del pronombre correspondiente, usamos *parece* o *parecen*. ¿Puedes explicar cuándo usamos uno y el otro?

Parece + infinitivo / + ...

Parecen + ...

10.7. Responde a las siguientes preguntas y usa el verbo *parecer*.

1. ¿Qué te parece el español?

2. ¿Qué te parece la comida mexicana?

3. ¿Qué le parece a tu compañero de trabajo su oficina?

4. ¿Qué les parece a tus papás que vivas solo?

5. ¿Qué te parece la ciudad donde vives?

6. ¿Qué les parece a ti y a tus amigos la vida actual?

7. ¿Qué te parecen los toros?

8. ¿Qué te parece vivir en esta ciudad?

....

9. ¿Qué te parecen los mexicanos?

....

10. ¿Qué te parece tu pareja?

....

10.8. Otra forma de opinión. Intenta transformar las preguntas del apartado anterior usando la estructura " ¿Qué opinas/opinan de....?" cuando sea posible.

1. ¿Qué opinas del español?

2. ....

3. ....

4. ....

5. ....

6. ....

7. ....

8. ....

9. ....

10. ....

10.9. Organizadores del discurso. Une cada expresión con su función correspondiente.

1. Introducción del tema.

2. Concluir, finalizar.

3. Introducción de un nuevo argumento.

4. Introducción de una idea que se opone o contrasta.

A. Pero…

B. En segundo lugar, por otra parte…

C. En primer lugar…

D. En conclusión…

1	2	3	4
☐	☐	☐	☐

10.10. Pronombres y adjetivos indefinidos. Responde a las preguntas de manera negativa.

Ejemplo: *¿Quieres algo?* → No, no quiero nada.

1. ¿Viene alguno de tus amigos a cenar hoy en la noche?

....

2. ¿Estudias algún idioma en este momento?

....

3. ¿Queda alguna cerveza en el refrigerador?

....

4. ¿Tienes alguna entrada para el concierto?
....

5. ¿Ves el mar desde tu casa?
....

6. ¿Hay alguien que me está esperando?
....

7. ¿Quieres a alguien?
....

8. ¿Cuántos coches tienes?
....

9. ¿Tienes algo de dinero para prestarme?
....

10. ¿Cuántos hermanos tienes?
....

10.11. Adecuación a la situación. Señala la opción que consideres correcta según el contexto.

1. El discurso del presidente empieza en este momento.
   ▷ No oigo nada, ¿qué dice?
   ▶ Dice que,
   a) ☐ por último, la situación va a cambiar.
   b) ☐ en primer lugar, la situación va a cambiar.
   c) ☐ pero, la situación va a cambiar.

2. Juan, ¿puedes ayudarme con el programa de la computadora?
   ▷ **a)** ☐ Claro, por supuesto que no.
   b) ☐ Claro, para eso son los amigos.
   c) ☐ Pues muy bien.

3. ¿Qué opinas de la nueva situación mundial?
   ▷ **a)** ☐ Me parece que es una situación muy difícil.
   b) ☐ A mí que es una situación muy difícil.
   c) ☐ Creo es una situación muy difícil.

4. Señora directora, tiene que salir a pronunciar su conferencia.
   ▷ ¿Dónde están mis papeles?
   ▶ Acá, tenga.
   ▷ Buenos días señores y señoras,
   a) ☐ además, quiero darles las gracias.
   b) ☐ en primer lugar, quiero darles las gracias.
   c) ☐ por otra parte, quiero darles las gracias.

5. Nunca estás de acuerdo con Julia, ¿por qué?
   ▷ **a)** ☐ No estoy de acuerdo porque tiene unas ideas muy extravagantes.
   b) ☐ Sí, claro.
   c) ☐ Bueno, tienes razón.

10.12. Ordena las palabras y forma frases.

1. no puedo / No, no y no, / su oferta / aceptar
   ....

2. con él! / más / ¡Ni hablar, / no hablo /
   ....

3. jamás / Nunca / a tu casa / regresar / voy a
   ....

4. la situación / catastrófica / es / En conclusión,
   ....

5. habla / Ninguno / japonés / de mis amigos
   ....

6. No hay / enojado / para / ninguna razón / estar
   ....

7. amigos / tú y yo / En primer / no somos / lugar,
   ....

8. de nadie / estoy / enamorado / No
   ....

9. es / Además, / muy / la situación / complicada
   ....

10. tengo razón / que / Al final, / seguro
    ....

10.13. Cuando el río suena, agua lleva. Refrán popular que indica que los tópicos, por ejemplo, tienen siempre una parte de verdad.

¿Qué palabras asocias con los tópicos sobre México y los mexicanos? Justifica tu respuesta.

> Mole • Tequila • Sol • Nieve • Tradicionales • Impuntuales • Valientes
> Cerrados • Playa • Mariachis • Ruido • Tortillas • Comida picante

Ejemplo: *Mole:* Comida típica de todo México que es muy popular en las fiestas familiares.

10.14. Lee la siguiente carta y contesta las preguntas de los próximos apartados.

> Guadalajara, 10 de enero de 2011
>
> Distinguido Sr. Presidente Municipal:
> Le escribo para comunicarle que la "Asociación de Vecinos de la Calle Coras" no está de acuerdo con la construcción de la discoteca "Mambo café" en esa calle por los motivos que detallamos a continuación:
>
> En primer lugar, pensamos que una discoteca tiene que estar en las afueras de la ciudad y no en el centro porque está abierta hasta la madrugada y alberga mucha cantidad de gente. Además, creemos que el ruido puede ser muy molesto para la colonia y esto puede crear discusiones entre los vecinos y los clientes del local.
>
> En segundo lugar, pensamos que es peligroso construirla en la parte baja de un edificio porque si hay un incendio hay vecinos encima y alrededor.
>
> En conclusión, nos parece injusta la construcción de la discoteca sin preguntarnos antes nuestra opinión.
>
> Le saluda atentamente,
> La Presidenta de la Asociación de Vecinos
> Carolina Bertrán

10.15. Busca en el texto un sinónimo o una expresión equivalente a estas palabras.

- la periferia: ....
- opinamos que: ....
- está en contra: ....
- hasta muy tarde: ....
- no es justa: ....

10.16. Contesta las preguntas para saber si entendiste el texto.

A. ¿Dónde creen los vecinos que es mejor construir la discoteca?
....

B. ¿Por qué piensan que puede ser peligroso?
....

C. ¿Qué puede crear problemas entre los vecinos y los clientes?
....

10.17. Contesta las preguntas para saber si aprendiste cómo se escribe una carta.

1. ¿Es una carta formal o informal?
....

2. ¿Cuáles son las palabras que organizan la carta?
....

3. ¿Conoces otra fórmula de despedida para una carta formal?
....

4. ¿Y de saludo?
....

Unidad 11

11.1. Vamos a conjugar el singular de los siguientes verbos usando el pretérito.

1. beber: Yo .... Tú .... Él/ella/usted ....
2. caminar: Yo .... Tú .... Él/ella/usted ....
3. comer: Yo .... Tú .... Él/ella/usted ....
4. conocer: Yo .... Tú .... Él/ella/usted ....
5. escribir: Yo .... Tú .... Él/ella/usted ....

11.2. Conjuga ahora el plural de los siguientes verbos.

1. estudiar: Nosotros/as .... Ustedes .... Ellos/ellas/ustedes ....
2. hablar: Nosotros/as .... Ustedes .... Ellos/ellas/ustedes ....
3. salir: Nosotros/as .... Ustedes .... Ellos/ellas/ustedes ....
4. trabajar: Nosotros/as .... Ustedes .... Ellos/ellas/ustedes ....
5. vivir: Nosotros/as .... Ustedes .... Ellos/ellas/ustedes ....

11.3. Escribe el pretérito de los siguientes verbos reflexivos.

	Levantarse	**Bañarse**	**Acostarse**
Yo:	....	....	....
Tú:	....	....	....
Él/ella/usted:	....	....	....
Nosotros/as:	....	....	....
Ustedes:	....	....	....
Ellos/ellas/ustedes:	....	....	....

11.4. Completa.

	Ser	**Estar**	**Decir**	**Tener**
Yo:	....	....	....	....
Tú:	....	....	....	....
Él/ella/usted:	....	....	....	....
Nosotros/as:	....	....	....	....
Ustedes:	....	....	....	....
Ellos/ellas/ustedes:	....	....	....	....

NIVEL A1. **COMIENZA**

11.5. Completa las frases usando el pretérito.

1. Juan y Pablo (vivir, ellos) .... en Guadalajara hace 5 años.
2. Ayer Elena (dividir, ella) .... el trabajo entre sus compañeros sin consultar a nadie.
3. ¡El otro día Catalina y yo (hablar, nosotras) .... más de 5 horas por teléfono!
4. El fin de semana mi maestra (recibir, ella) .... un regalo por su cumpleaños.
5. Anoche mi hermano (estudiar, él) .... para su examen de hoy.
6. ¿Cuántas veces (viajar, tú) .... a la Ciudad de México el año pasado?
7. Mi mamá (preparar, ella) .... ayer el desayuno para todos.
8. Ayer (escribir, yo) .... una carta para mi papá y mi mamá por su aniversario.
9. El mesero (limpiar, él) .... nuestra mesa después de comer.
10. Ayer en el concierto (cantar, nosotros) .... hasta quedar afónicos. ¡Estuvo padrísimo!

11.6. Completa las frases siguiendo el modelo (cambia el verbo al pretérito).

1. Siempre ceno a las nueve, pero anoche ...._cené_........ a las 10.
2. Todos días comes con Pablo, pero ayer .... solo, ¿qué pasó?
3. Nunca me levanto tarde, pero ayer .... tardísimo.
4. Ustedes van al cine todos los domingos, pero antier .... al teatro.
5. Nosotros tomamos siempre el autobús para la escuela, pero antier .... un taxi.
6. Cada mes usted paga la renta puntualmente, pero el mes pasado .... con días de retraso.
7. Tus clases empiezan a las ocho, pero la semana pasada .... a las 9.
8. Aquí en enero hace frío, pero el año pasado .... muchísimo más frío, como nunca.
9. Elena nunca toma café después de la comida, pero ayer .... hasta dos tazas.
10. Arturo siempre obtiene buenas calificaciones, pero el mes pasado .... muy malas notas.

11.7. Ordena las palabras y forma frases.

1. la / hoy / mi / estudié / Ayer / toda / examen / de / yo / para / noche
   ....
2. ¿nueva / la / de / Harry Potter / anoche / película / Viste?
   ....
3. amigos / para / cena / Carlos / la / preparó / sus / Anoche
   ....
4. el / ustedes / examen / Ayer / errores / los / en / repitieron / mismos
   ....
5. Navidad / los / Cuba / La / abuelos / en / visitamos / a / pasada
   ....
6. hace / meses / dos / Ana / padre / El / de / murió
   ....

7. anoche / fiesta / ¿Cómo / la / estuvo / de?
....

8. fui / cenar / después / a / dormir / de / Anoche / me
....

9. semana / fin / equipo / el / el / de / Mi / campeonato / pasado / ganó
....

10. no / dieta / Las / quisieron / ayer / a / muchachas / cenar / están / pues
....

11.8. Completa el texto con las formas verbales correspondientes.

¡Ayer fue un día muy movido!

Ayer sábado fue un día muy movido pues (hacer, yo) .... muchas cosas. Primero, (levantarse, yo) .... más o menos a las 8 de la mañana. Después (bañarse, yo) .... y (desayunar, yo) .... algo ligero: cereal, frutas y café. Durante mi desayuno (leer, yo) .... el periódico. A eso de las 10 de la mañana, mi hermano me (llamar, él) .... por teléfono para invitarme al cine. ¡Por supuesto que (aceptar, yo) ....! (Quedar, nosotros) .... en vernos a las 8 y media de la noche en los multicinemas del centro para entrar a la función de las 9.

Después de desayunar (arreglar, yo) .... un poco mi jardín: (regar, yo) .... las plantas y (cortar, yo) .... algunas ramas secas del árbol que está en el patio y (tirar, yo) .... las hojas secas a la basura. Como a las 12 del mediodía (ir, yo) .... al mercado para comprar la despensa de la semana. (Comprar, yo) .... muchas verduras, pescado, pollo y fruta. En el mercado, (encontrar, yo) .... a Luisa, mi vecina. Ella me (invitar, ella) .... a tomar un jugo de frutas y poder así platicar. ¡(platicar, nosotras) .... por casi dos horas!

Ya casi a las 4 de la tarde, (regresar, yo) .... a casa con mucha hambre. (Preparar, yo) .... rápidamente una ensalada y un sándwich para comer. (Salir, yo) .... al jardín para comer y aprovechar la tarde. Después de comer, (leer, yo) .... el libro que mi hermano me (regalar, él) .... de cumpleaños hace dos semanas.

A eso de las 6 de la tarde, (salir, yo) .... nuevamente al centro para tomar un café ahora con Ana, mi colega de la oficina. (Ir, nosotras) .... a una pequeña cafetería muy cerca de los multicinemas. (Tomar, nosotras) .... un café y (comer, nosotras) .... un rico pastel de chocolate. (Invitar, yo) .... a Ana al cine para acompañarnos a mi hermano y a mí. No (aceptar, ella) .... ¡Qué lástima!

Unos minutos antes de las 8 y media, (llegar, yo) .... a los multicinemas. Mi hermano (llegar, él) .... minutos después. (Ver, nosotros) .... la nueva película de Almodóvar: ¡Genial! ¡Qué historia, qué actuaciones! Después de la película mi hermano me (llevar, él) .... a casa. Durante el camino no (parar, nosotros) .... de platicar de la película.

A las 11 de la noche (llegar, yo) .... a casa. No (hacer, yo) .... nada más, simplemente (acostarse, yo) .... y (dormirse, yo) .... ¡Un día bastante largo el de ayer!

11.9. Completa la frase con las formas verbales correspondientes y escoge la respuesta correcta.

1. ¿En qué año Cristóbal Colón (llegar, él) .... a América?
   a. 1910   b. 1492   c. 1822

2. ¿Quién (casarse) .... con la pintora Frida Kahlo?
   a. Diego Rivera   b. Pablo Picasso   c. Salvador Dalí

3. ¿Quién (dirigir) .... la película "Mujeres al borde de un ataque de nervios"?
   a. Gabriel Figueroa   b. Luis Buñuel   c. Pedro Almodóvar

4. ¿Dónde (nacer, ella) .... la cantante Shakira?
   a. Venezuela   b. España   c. Colombia

5. ¿Y Ricky Martin?
   a. Puerto Rico   b. Brasil   c. México

11.10. Completa con la forma correcta del pretérito.

1. El año pasado (viajar, nosotros) .... a Perú.
2. Hace unos meses (conocer, ustedes) .... a la prometida de Benjamín.
3. El fin de semana pasado (estudiar, yo) .... para el examen de Historia.
4. Shakira y Alejandro (cantar) .... en Bogotá hace dos semanas.
5. Pablo (vivir) .... hace tres años en Europa.
6. ¿(Comprar, tú) .... ayer el boleto de avión?
7. Antier (platicar, ustedes) .... con David, ¿verdad?
8. Hoy en la mañana (comprar, yo) .... un vestido negro.
9. El 8 de diciembre (ser) .... mi cumpleaños.
10. En 2000 (regresar, él) .... a los EE. UU.

11.11. Corrige las siguientes frases.

1. Luis viví en Buenos Aires hasta 1999.
   ....

2. Yo nació en Caracas el 27 de abril de 1977.
   ....

3. El año pasado mi hermana empieza a trabajar de enfermera.
   ....

4. El pasado fin de semana Carlos y yo organizaron una fiesta.
   ....

5. Martha terminamos la universidad hace tres años.
   ....

6. Mis papás regresamos a México hace un año.
   ....

11.12. Relaciona.

1. Ayer mis amigos y yo
2. Esta mañana su esposo
3. La pasada semana Lucía y yo
4. Este verano Enrique y Martha
5. ¿El mes pasado....
6. Ayer perdí el último autobús y

a. fueron a Italia.
b. tomé un taxi.
c. escuchamos música moderna.
d. tuvimos varios exámenes.
e. estuvieron en Texas?
f. fue a la oficina para verla.

11.13. Lee el texto y completa con el pretérito de los siguientes verbos.

> apagarse • distinguir • llegar • ser • sonar • precipitarse • escuchar

Afuera ...., seco, un disparo de pistola. .... las luces. Chocando unos contra otros, en la oscuridad, los tres detectives .... hacia la puerta.

El primero en llegar a la escalera .... Spade. .... por abajo un ruido de pasos precipitados, pero no pudo ver nada hasta que .... al primer rellano de la escalera, donde a la luz de la calle que entraba por la puerta abierta ...., dando la espalda a esta, la silueta de un hombre de pie.

Dashiell Hammett, *Sólo pueden ahorcarle una vez.*

11.14. Contesta ahora las preguntas.

1. ¿Dónde sonó un disparo de pistola?
   ....
2. ¿Quiénes chocaron en la oscuridad?
   ....
3. ¿Quién llegó el primero a la puerta?
   ....
4. ¿Qué escuchó Spade abajo?
   ....
5. ¿Qué apareció por debajo de la puerta?
   ....

11.15. Tuve un problema con el ordenador y las palabras del "TURISMO", de la "VIDA COTIDIANA" y de un "PERIÓDICO" de tres ejercicios se mezclaron. ¿Puedes separarlas en tres grupos?

> levantarse • el editorial • sección internacional • ver la TV •
> comer con los compañeros • ir a trabajar • albergue • montaña • turismo rural •
> crónica • bañarse • mochila • hotel • titulares • la programación de TV • agencia •
> boleto • noticia • hacer la cena • excursión • artículo de opinión • redactor •
> leer el periódico

Turismo	Vida cotidiana	Periódico
....	....	....
....	....	....
....	....	....
....	....	....
....	....	....
....	....	....
....	....	....
....	....	....

11.16. Lee esta noticia.

DESCUBIERTA LA PÍLDORA DE LA JUVENTUD ETERNA

Se vende en farmacias y su precio es reducido. Ayer cientos de personas hicieron cola en las puertas de las farmacias de todo México para comprar la nueva "Piljoven". Se trata de un comprimido efervescente que se recomienda tomar en ayunas, es decir, antes de la primera comida del día, y otro a última hora, antes de acostarse. El resultado se empieza a notar después de unas cuatro semanas de uso; los expertos dicen que comprobaron sus sorprendentes y rápidos efectos en animales, y después en algunas personas, que quedaron muy satisfechas. Por el momento no se produjeron efectos secundarios, pero todavía es pronto para saber si tiene o no. Uno de los testimonios declaró: "Noté los resultados progresivamente: en primer lugar, las arrugas de la cara me disminuyeron; en segundo lugar me proporcionó elasticidad en el cuerpo y en tercer lugar, apareció una sensación de energía y vitalidad, en definitiva, juventud. Estoy muy contenta y me siento como una niña...". Farmacéuticos e investigadores creen que va a ser el mayor descubrimiento del siglo XXI y que millones de personas en el mundo van a consumir esta píldora.

11.17. Di si estas afirmaciones son verdaderas o falsas.

	verdadero	falso
1. La píldora de la juventud se probó en muchas personas antes de salir al mercado.	☐	☐
2. Aún no se descubrieron los efectos secundarios que puede tener esta píldora.	☐	☐
3. Muchas personas quieren comprarla, pero tienen miedo.	☐	☐
4. Se debe tomar dos comprimidos al día.	☐	☐
5. Los resultados se ven a las cinco o seis semanas.	☐	☐

11.18. Busca un antónimo en el texto.

- vejez ....
- cansancio ....
- aumentaron ....
- tarde ....

11.19. Ahora busca un sinónimo.

- pastilla ....
- movilidad ....
- feliz ....
- se aconseja ....

Unidad 12

12.1. Lee el texto y señala las formas del imperativo que encuentres.

Ana: No sé qué hacer contra el insomnio.

Julia: ¿No duermes bien?

Ana: Horrible. Hace un año que duermo muy mal.

Julia: Pues **mira**, te voy a dar unos consejos. Cena temprano, entre las 7 y las 8 de la noche. Da un paseo después de cenar de unos 20 minutos. Al volver a casa, toma un baño de agua caliente y sales minerales. Lee un poco, no mucho tiempo. Toma un té de manzanilla antes de irte a dormir. Deja los problemas fuera de la recámara. En la cama, piensa en cosas positivas, nunca en problemas. Apaga la luz y respira profundamente.

Ana: ¿Estás segura de que funciona?

Julia: Por supuesto, ya me contarás.

mira............................... ....
....
....
....

12.2. Señala el infinitivo correspondiente a los imperativos señalados anteriormente.

Ejemplo: *mira* ➔ mirar

....
....
....

12.3. Completa el cuadro con las formas del imperativo que faltan.

TÚ	trabaja	come	....	....	....	....	....	escribe	....	....	oye
USTED	....	....	corra	suba	....	....	....	....	pregunte	....	....
USTEDES	....	....	....	....	canten	lean	vean	....	....	vayan	....

12.4. Relaciona cada forma de imperativo con el infinitivo correspondiente.

Pon/ponga • • salir

Ve/vaya • • tener

Ten/tenga • • poner

Oye/oiga • • decir

Sal/salga • • ir

Di/diga • • oír

NIVEL A1. **COMIENZA**

12.5. Escribe ahora la forma de *usted* y *ustedes* de los infinitivos anteriores.

	USTED	USTEDES
• Salir →	....	....
• Tener →	....	....
• Poner →	....	....
• Decir →	....	....
• Ir →	....	....
• Oír →	....	....

12.6. Completa las frases usando la forma correcta de imperativo.

1. Juan (abrir, tú) .... la ventana que hace mucho calor.
2. (Sentarse, usted) .... que ahora platicamos.
3. (Escuchar, ustedes) .... qué ruido más extraño.
4. (Descansar, tú) .... y mañana estarás mejor.
5. (Tomar, ustedes) .... el camión n.º 12 hasta la Plaza Real, (bajar, ustedes) .... y a cinco minutos está la cafetería "La Luna", (esperar, ustedes) .... allá.
6. Acá no se puede fumar, (apagar, ustedes) .... el cigarrillo.
7. (Mirar, tú) .... qué bonito.
8. (Tomar, usted) .... un poco más de pastel.
9. (Leer, ustedes) .... este libro si pueden, es buenísimo.
10. (Decir, ustedes) .... la verdad, es lo mejor.

12.7. Señala las funciones que tiene el imperativo en cada frase.

1. Orden..
2. ....
3. ....
4. ....
5. ....
6. ....
7. ....
8. ....
9. ....
10. ....

12.8. Utiliza el imperativo más el pronombre correspondiente.

A. Usa la forma *tú*.
Ejemplo: *Toma el lápiz.* → Tómalo

B. Transforma ahora las frases en la forma *usted*.
Ejemplo: *Tome el lápiz.* → Tómelo

• Abre la puerta. → .... → ....
• Cierra el balcón. → .... → ....
• Pon la mesa. → .... → ....
• Haz la tarea. → .... → ....
• Lee el periódico. → .... → ....
• Cruza la avenida. → .... → ....
• Bebe la cerveza. → .... → ....
• Pregunta la dirección. → .... → ....
• Mira los edificios. → .... → ....

12.9. Contesta afirmativamente a las siguientes preguntas usando el pronombre cuando sea posible.

Ejemplo: *¿Puedo abrir la ventana?* → Sí, ábrela.

1. ¿Se puede cruzar la calle? ....
2. ¿Puedo escuchar el CD? ....
3. ¿Me permites hablar con los niños? ....
4. ¿Puedo explicar un cuento? ....
5. ¿Pongo la tele? ....
6. ¿Me permites cantar una canción? ....
7. ¿Puedo leer el periódico? ....
8. ¿Hago las tareas? ....

12.10. Ordena las palabras (cuando sea necesario) y forma frases.

1. a la izquierda / la calle / Cruza
   ....
2. Escuchen / del cocinero / Carlos Arpiñano / las recetas
   ....
3. por favor, / del presidente / informe / Lea, / el nuevo
   ....
4. de las 10 / a tiempo / Toma / para llegar / el camión
   ....
5. Abran / huele / las ventanas / fatal / que
   ....
6. Escriban / la carta / a mano
   ....
7. al técnico, / no funciona / Lleva / la computadora
   ....
8. por favor, / el partido / Ponga / que / la TV, / empieza
   ....
9. Prueba / este vino, / está / buenísimo
   ....
10. por la playa / los días / Paseen / todos
    ....

12.11. Adecuación a la situación.

A. Elige la opción más adecuada:

1. ¿Puedo abrir la ventana? Hace un calor...
   a) ☐ No, lo siento, ábrela.
   b) ☐ Ábrela, ábrela.
   c) ☐ Sí.

2. ¿Me prestas tu pantalón blanco?
   a) ☐ No, es que me lo voy a poner yo.
   b) ☐ No, no puedes.
   c) ☐ Claro que no.

3. ¿Se puede comer en el parque?
   a) ☐ Sí, por supuesto que sí.
   b) ☐ Sí, gracias.
   c) ☐ No, gracias.

4. ¿Puedo pasar?
   a) ☐ Pase, pase.
   b) ☐ Puedes.
   c) ☐ No, de verdad.

NIVEL A1. **COMIENZA**

5. ¿Me prestan el carro?
   a) ☐ Sí, sí se puede.
   b) ☐ No, lo siento, es que lo necesitamos.
   c) ☐ No.

6. ▷ ¿Quiere tomar algo, un té, un café, una cerveza...?
   ▶ No, gracias.
   ▷ ¿Tal vez una Coca-Cola, agua fresca...?
   a) ☐ No, de verdad, gracias.
   b) ☐ No.
   c) ☐ Sí.

B. Señala la función que tiene el imperativo en las frases siguientes:

7. Toma un trozo del pastel de fresa, ¡está buenísimo!
   a) ☐ Es una invitación.
   b) ☐ Da instrucciones.
   c) ☐ Llama la atención.

8. Sube a casa y baja la basura.
   a) ☐ Es una invitación.
   b) ☐ Da un consejo.
   c) ☐ Es una orden.

9. Oiga, oiga, ha perdido la cartera.
   a) ☐ Es una invitación.
   b) ☐ Llama la atención.
   c) ☐ Da un consejo.

10. Estudia un poquito todos los días.
    a) ☐ Da un consejo.
    b) ☐ Da una orden.
    c) ☐ Hace un ofrecimiento.

11. Termina la sopa ahora mismo.
    a) ☐ Da una orden.
    b) ☐ Llama la atención.
    c) ☐ Da un consejo.

12.12. Conectores del discurso.

A. Escribe un sinónimo de:

Primero ....
Luego ....
Para acabar ....

B. Vilma quiere grabar el último disco de Caetano Veloso para Javier, pero no sabe cómo. Ordena el texto. (Hay más de una posibilidad).

☐ Luego, introduce el disco.
☐ ¡Ah! Y, finalmente, no seas impaciente y espera el tiempo necesario.
☐ Primero, conecta el aparato de música.
☐ Ten un casete preparado en el lugar adecuado.
☐ Para acabar, presiona las teclas de "Play" y "Record".
☐ A continuación, pon a punto el disco y el casete.

12.13. Localiza los errores.

• Si quieres ir a la calle Juárez, crucen la calle y gira a la derecha: ....
• No se puede hablar en inglés dentro de la aula: ....
• ¡Abre la puerta! ¡Rápido, ábrelo!: ....
• Primero, toma una hoja en blanco y por fin escribe tu nombre: ....
• ¿Puedo un sándwich?: ....
• Quiero una trozo del pastel y un poco de sangría, por favor: ....
• Deje su mensaje antes de oír la señal y habla despacio, gracias: ....

12.14. Léxico. Se coló un intruso. Señala la palabra que no pertenece al mismo grupo.

- Lejos
- Esquina
- Esperar
- Piensa
- Finalmente
- Bocina
- Enfrente
- Tecla
- Cruzar
- Come
- Por fin
- Tono
- Hacia
- Cruce
- Pasar
- Sal
- Después
- A continuación
- Ir
- Bocacalle
- Girar
- Tenga
- Por último
- Tarjeta

12.15. Comprensión lectora.

1. Lee estos textos y di en qué situación o quién puede dar estas instrucciones.

1. «Abróchense los cinturones de seguridad y siéntense, por favor. Pongan sus asientos en posición vertical, gracias. Les deseamos feliz vuelo».
   ....

2. «Introduzca la tarjeta. Ingrese su número personal. Retire el dinero».
   ....

3. «Tome un comprimido cada doce horas y, si no se recupera en unos días, pida hora y regrese para cambiar el tratamiento».
   ....

4. «Escriban un reporte sobre las vacaciones y escondan sus diccionarios».
   ....

5. «Tomemos unas cervezas y hablemos del problema, después vas a sentirte mejor, ya verás».
   ....

6. «Hagan 40 flexiones y den 3 vueltas a la pista de entrenamiento».
   ....

7. «Cómete todas las verduras, lávate los dientes y acuéstate antes de las diez. Buenas noches, amor».
   ....

2. Señala todos los imperativos que encontraste.

....	....	....
....	....	....
....	....	....
....	....	....
....	....	....
....	....	....

3. Busca un sinónimo de las siguientes frases.

- Tomen asiento → Siéntense.....................
- Concierte una cita → ....
- Hagan un escrito → ....
- Corran → ....
- Límpiate → ....
- Platiquemos → ....
- Vete a la cama → ....
- Ponga → ....

12.16. Busca en la siguiente sopa de letras 10 formas de imperativo.

1.

C	M	M	R	F	V	D	A	K	V	G	A
I	E	F	E	N	O	M	E	U	V	D	V
E	H	H	S	Ñ	B	Q	S	Z	C	I	A
R	G	Y	P	T	Z	X	C	C	A	V	L
R	E	P	I	T	A	N	R	N	M	H	S
E	A	S	D	F	P	G	I	H	J	K	L
N	B	Ñ	Q	W	A	E	B	R	T	L	Y
U	U	I	P	A	G	U	E	O	A	P	O
I	S	U	Y	T	A	R	R	M	E	W	Q
Y	C	I	O	P	P	J	A	H	F	S	C
M	A	N	B	V	C	X	Z	S	D	K	F
H	Y	E	D	N	O	P	S	E	R	I	J

2. **Lee las definiciones y escribe la palabra correcta.**

   1. Entramos y salimos por ella: ....
   2. Expresión que usamos para pedir algo educadamente: ....
   3. Interrogación que hacemos cuando no sabemos algo (en plural): ....
   4. Sirve para vestirnos: ....
   5. Aparato en el que vemos imágenes: ....
   6. Aparato que usamos para hablar con otra persona: ....
   7. Ejercicios que nos manda el profesor para hacer en casa: ....
   8. La escribimos para alguien que está lejos: ....
   9. La pagamos en el restaurante, en la tienda, etc.: ....
   10. Lo usamos para buscar el significado de las palabras: ....

3. **Ahora, haz una frase con los imperativos que encontraste en la sopa de letras y las palabras anteriores.**

   1. ....
   2. ....
   3. ....
   4. ....
   5. ....
   6. ....
   7. ....
   8. ....
   9. ....
   10. ....

APÉNDICE GRAMATICAL

Unidad 1

1. El alfabeto

Letra	Nombre de la letra	Pronunciación	Ejemplo
A, a	a	[a]	cub**a**na, **a**bog**a**do
B, b	be	[b]	**B**uenos Aires, **b**ien
C, c	ce	[k], [s] (dialectos seseantes) [θ] (dialectos no seseantes)	Rebe**c**a, **c**erveza
Ch, ch*	che	[ĉ]	**Ch**ile, co**ch**e
D, d	de	[d]	**d**e**d**o, **d**ormir
E, e	e	[e]	**e**j**e**mplo, **e**studiar
F, f	efe	[f]	**f**ácil, **f**río
G, g	ge	[g], [x]	**g**ato, **G**ema
H, h	hache	-	**h**elado, **h**ola
I, i	i	[i]	**I**nternet, **i**gles**i**a
J, j	jota	[x]	**j**abón, **j**ueves
K, k	ka	[k]	**K**iwi, **k**ilogramo
L, l	ele	[l]	e**l**efante, **l**eche
Ll, ll*	elle	[y]	**ll**uvia, ca**ll**e
M, m	eme	[m]	**M**arcos, **m**esa
N, n	ene	[n]	te**n**er, **n**ariz
Ñ, ñ	eñe	[ɲ]	ni**ñ**o, se**ñ**al
O, o	o	[o]	d**o**ming**o**, médic**o**
P, p	pe	[p]	**P**erú, **p**elícula
Q, q	cu	[k]	**q**ueso, es**q**uimal
R, r	erre	[r̄], [r]	pe**rr**o, escale**r**a

CONTINÚA

Letra	Nombre de la letra	Pronunciación	Ejemplo
S, s	ese	[s]	**S**inaloa, **s**illa
T, t	te	[t]	**T**oluca, es**t**ufa
U, u	u	[u]	ci**u**dad, l**u**z
V, v	ve	[b]	**V**enezuela, **v**erde
W, w	doble u	[w]	**W**ashington, **w**ater
X, x	equis	[ks], [s]	e**x**tranjero, ta**x**i
Y, y	i griega	[y], [i]	**y**ate, Urugua**y**
Z, z	zeta, ceta	[s] (dialectos seseantes) [θ] (dialectos no seseantes)	**z**apato, a**z**ul

* La **ch** y la **ll** representan un sonido.

2. Los números

30	treinta	50	cincuenta	110	ciento diez
31	treinta y uno	52	cincuenta y dos	122	ciento veintidós
32	treinta y dos	60	sesenta	135	ciento treinta y cinco
33	treinta y tres	63	sesenta y tres	200	doscientos
34	treinta y cuatro	70	setenta	300	trescientos
35	treinta y cinco	74	setenta y cuatro	400	cuatrocientos
36	treinta y seis	80	ochenta	500	quinientos
37	treinta y siete	85	ochenta y cinco	600	seiscientos
38	treinta y ocho	90	noventa	700	setecientos
39	treinta y nueve	96	noventa y seis	800	ochocientos
40	cuarenta	100	cien	900	novecientos
41	cuarenta y uno	101	ciento uno	1000	mil

3. Los verbos *trabajar, llamarse, ser* y *tener*

	Verbos regulares	Verbos reflexivos	
	trabajar	**llamarse**	
Yo	trabaj**o**	**me**	llam**o**
Tú	trabaj**as**	**te**	llam**as**
Él/ella/usted	trabaj**a**	**se**	llam**a**
Nosotros/as	trabaj**amos**	**nos**	llam**amos**
Ustedes	trabaj**an**	**se**	llam**an**
Ellos/ellas/ustedes	trabaj**an**	**se**	llam**an**

Verbos irregulares

	ser	tener
Yo	**soy**	ten**go**
Tú	**eres**	**tie**nes
Él/ella/usted	**es**	**tie**ne
Nosotros/as	**somos**	tenemos
Ustedes	**son**	**tie**nen
Ellos/ellas/ustedes	**son**	**tie**nen

4. Los demostrativos

masculino	
singular	plural
este	estos

— **Este** es mi profesor.

— **Estos** son mis compañeros.

femenino	
singular	plural
esta	estas

— **Esta** es María.

— **Estas** son mis amigas.

Recuerda: los demostrativos concuerdan en género y número con el sustantivo.

5. Los interrogativos

¿Cómo?
¿Cómo + verbo?

▷ ¿**Cómo** te llamas?

▶ Me llamo Cecilia.

¿De dónde?
¿De dónde + verbo?

▷ ¿**De dónde** eres?

▶ Soy de Buenos Aires.

¿Cuántos?
¿Cuántos + nombre + verbo?

▷ ¿**Cúantos** años tienes?

▶ Tengo 24 años.

Unidad 2

1. Presentes regulares

	escuchar	beber	escribir
Yo	escuch**o**	beb**o**	escrib**o**
Tú	escuch**as**	beb**es**	escrib**es**
Él/ella/usted	escuch**a**	beb**e**	escrib**e**
Nosotros/as	escuch**amos**	beb**emos**	escrib**imos**
Ustedes	escuch**an**	beb**en**	escrib**en**
Ellos/ellas/ustedes	escuch**an**	beb**en**	escrib**en**

NIVEL A1. **COMIENZA**

2. El género

Sustantivos	
Masculino	**Femenino**
sustantivos terminados en **-o/-or/-aje**	sustantivos terminados en **-a/-ción**

— El ni**o**o, el cal**or**, el equip**aje**.
— La ventan**a**, la cas**a**, la cam**a**, la habita**ción**, la solu**ción**.

Masculino / Femenino
sustantivos terminados en **-e/-consonante**

— La clas**e**, el caf**é**, el hospita**l**, la ciuda**d**.

Adjetivos	
Masculino	**Femenino**
adjetivos terminados en **-o**	adjetivos terminados en **-a**

— El cuadro **bonito**.
— La casa **bonita**.

Recuerda: si el masculino termina en consonante, el femenino añade una **a**.
Ejemplo: El profesor francés. → La profesora francesa.

3. El número

Sustantivos y adjetivos	
Si terminan en vocal	**Si terminan en consonante**
a, e, i, o, u, (no acentuadas) y á, é, ó (acentuadas) + s	+ es

— El libro interesante.
— Los libro**s** interesante**s**.

— La pared azul.
— Las pared**es** azul**es**.

Recuerda: si las vocales son **í, ú (acentuadas) + es**.
Ejemplo: El estudiante marroquí.
Los estudiant**es** marroqu**íes**.

Recuerda: los adjetivos concuerdan en género y número con el nombre al que acompañan.
Ejemplo: El alumn**o** cuban**o**.
Los alumn**os** cuban**os**.

4. El artículo

Indeterminado

masculino	
singular	plural
un	unos

— Hay **un** árbol grande en la plaza.
— Hay **unos** libros encima de la mesa.

femenino	
singular	plural
una	unas

— Hay **una** computadora en la clase.
— Tengo **unas** blusas verdes.

Excepción: los sustantivos que empiezan por **–a (tónica)**.
Ejemplo: Un águila.

Determinado

masculino	
singular	plural
el	los

— **El** profesor bebe agua.
— **Los** alumnos escriben **los** ejercicios.

femenino	
singular	plural
la	las

— **La** farmacia está cerca.
— **Las** alumnas escriben **las** cartas.

5. Hay, está, están

Hay
Hay + art. indeterminado + sustantivo

▷ **Hay** una película muy interesante en el cine.
► **Hay** fiestas populares en todas las ciudades.

Está / Están

▷ ¡Hola! ¿**Está** Juan en casa?
► No, lo siento, no **está**.

▷ ¿Dónde **están** las llaves?
► **Están** en la mochila.

Recuerda: con HAY presentamos la **existencia** de personas o cosas;
con ESTAR localizamos personas o cosas que existen o que presuponemos que existen.

6. Tú o usted

informal	
singular	plural
tú	ustedes

▷ ¿Cuántos años tienes (**tú**)?
► Tengo 37 años.

▷ ¿De dónde son (**ustedes**)?
► Somos de Venezuela.

formal	
singular	plural
usted	ustedes

▷ ¿Cómo se llama **usted**?
► Me llamo Pablo López.

▷ ¿Cómo están **ustedes**?
► Muy bien, gracias.

7. Los interrogativos

¿Dónde?	¿Qué?	¿Quién?
¿Dónde + verbo?	¿Qué + sustantivo?	¿Quién + verbo?

▷ ¿**Dónde** vives?
► Vivo en Guanajuato.

▷ ¿En **qué** calle vives?
► Vivo en la calle Independencia.

▷ ¿**Quién** es la muchacha que está a tu lado?
► Es mi amiga Marisa.

8. Los números ordinales

1.º / 1.ª	primero / primera		6.º / 6.ª	sexto / sexta
2.º / 2.ª	segundo / segunda		7.º / 7.ª	séptimo / séptima
3.º / 3.ª	tercero / tercera		8.º / 8.ª	octavo / octava
4.º / 4.ª	cuarto / cuarta		9.º / 9.ª	noveno / novena
5.º / 5.ª	quinto / quinta		10.º / 10.ª	décimo / décima

Recuerda: los números ordinales concuerdan en género y número con el sustantivo.

Unidad 3

1. Los adjetivos calificativos

Descripción física

alto, -a	bajo, -a
gordo, -a	delgado, -a
joven ≠	viejo, -a
guapo, -a	feo, -a
moreno, -a	güero, -a
fuerte	débil

Descripción de carácter

simpático, -a	antipático, -a
serio, -a	alegre / gracioso, -a
optimista ≠	pesimista
tonto, -a	listo, -a
tranquilo, -a	nervioso, -a
aburrido, -a	divertido, -a
tímido, -a	abierto, -a

Recuerda: con estos adjetivos calificativos utilizamos siempre el verbo SER.

2. Los adjetivos y pronombres posesivos

Adjetivos posesivos

	Singular		Plural	
	masculino	femenino	masculino	femenino
Yo	mi	mi	mis	mis
Tú	tu	tu	tus	tus
Él/ella/usted	su	su	sus	sus
Nosotros/as	nuestro	nuestra	nuestros	nuestras
Ustedes	su	su	sus	sus
Ellos/ellas/ustedes	su	su	sus	sus

Recuerda: el adjetivo posesivo concuerda con el nombre en género y número.

Adjetivo posesivo + nombre	
• Nuestro profesor.	• Nuestros profesores.
• Nuestra profesora.	• Nuestras profesoras.

Pronombres posesivos

	Singular		Plural	
	masculino	femenino	masculino	femenino
Yo	mío	mía	míos	mías
Tú	tuyo	tuya	tuyos	tuyas
Él/ella/usted	suyo	suya	suyos	suyas
Nosotros/as	nuestro	nuestra	nuestros	nuestras
Ustedes	suyo	suya	suyos	suyas
Ellos/ellas/ustedes	suyo	suya	suyos	suyas

Recuerda: el pronombre posesivo concuerda en género y número con el nombre al que se refiere.

Ser + **pronombre posesivo**	
▷ ¿De quién es el libro?	▷ ¿De quién son las gomas?
▶ Es *mío*.	▶ Son *mías*.

3. Los verbos *llevar, ser* y *tener*

(Ver morfología de los verbos *ser* y *tener* en Unidad 1)

Llevar			
Yo	llev**o**	Nosotros/as	llev**amos**
Tú	llev**as**	Ustedes	llev**an**
Él/ella/usted	llev**a**	Ellos/ellas/ustedes	llev**an**

Recuerda: usamos los verbos **ser**, **tener** y **llevar** para hacer la descripción física de las personas.

Ejemplo: *Nicolás* **es** *alto,* **es** *calvo y* **tiene** *los ojos azules.* **Es** *simpático y hablador.* **Tiene** *40 años y siempre* **lleva** *un reloj de color negro.*

Unidad 4

1. Verbo *ir* más las preposiciones *a* y *en*

El verbo IR

	Ir
Yo	**voy**
Tú	**vas**
Él/ella/usted	**va**
Nosotros/as	**vamos**
Ustedes	**van**
Ellos/ellas/ustedes	**van**

Recuerda: el verbo *ir* es irregular.
Ejemplo. *Ustedes* **van** *a la escuela en autobús.*

Las preposiciones *a* y *en*

Preposición a
Con la preposición **a** marcamos la dirección: — *Nicolás y Carmen van* **a** *Acapulco de vacaciones.*   Con la preposición **en** marcamos el medio de transporte.   — *Joaquín va* **en** *moto a trabajar.*

Recuerda: decimos "ir a pie", "ir a caballo".

2. Los comparativos

Comparativos regulares: Más... que, menos... que, tan... como.

Superioridad	Inferioridad	Igualdad
más + adjetivo + que	menos + adjetivo + que	tan + adjetivo + como
— *El avión es* **más** *rápido* **que** *el coche.*	— *Ir en bici es* **menos** *cómodo* **que** *ir en tren.*	— *Mi casa es* **tan** *grande* **como** *la tuya.*

Comparativos irregulares: mejor/mejores, peor/peores, mayor/mayores, menor/menores

- Bueno, -a, -os, -as ➡ **mejor/mejores + que**
  - *Mi celular es* **mejor que** *el tuyo.*

- Malo, -a, -os, -as ➡ **peor/peores + que**
  - *Tu celular es* **peor que** *el mío.*

NIVEL A1. **COMIENZA** [ochenta y tres] 83

- Grande, -es ➜ **mayor/mayores + que**
  - *Tus hermanos son **mayores que** tú.*
  - *Tus hermanos son **más grandes que** tú.*

- Pequeño, -a, -os, -as ➜ **menor/menores + que**
  - *Mi sobrina Rebeca es **menor que** mi sobrino Marcos.*
  - *Mi sobrina Rebeca es **más pequeña que** mi sobrino Marcos.*

3. Los verbos *necesitar, querer* y *preferir*

	necesitar	querer	preferir
Yo	necesit**o**	qu**ie**ro	pref**ie**ro
Tú	necesit**as**	qu**ie**res	pref**ie**res
Él/ella/usted	necesit**a**	qu**ie**re	pref**ie**re
Nosotros/as	necesit**amos**	quer**emos**	prefer**imos**
Ustedes	necesit**an**	qu**ie**ren	pref**ie**ren
Ellos/ellas/ustedes	necesit**an**	qu**ie**ren	pref**ie**ren

Recuerda: los verbos **querer** y **preferir** son irregulares.

| Necesitar, Querer, Preferir | + | **infinitivo/sustantivo** |

— ***Necesito comprar*** *un boleto para el metro.*
▷ *¿**Quieren un helado**?*
▶ *No, yo **prefiero tomar** una Coca-Cola.*
▶ *Pues yo **prefiero un café**.*

Recuerda: con los verbos **necesitar**, **querer** y **preferir** expresamos necesidades e intereses.

Unidad 5

1. Verbos irregulares

Dentro de los verbos irregulares en presente de indicativo hay varios grupos.

Verbos con irregularidad vocálica en la 1.ª persona del singular

	estar	hacer	ver
Yo	**estoy**	**hago**	**veo**
Tú	estás	haces	ves
Él/ella/usted	está	hace	ve
Nosotros/as	estamos	hacemos	vemos
Ustedes	están	hacen	ven
Ellos/ellas/ustedes	están	hacen	ven

Otros: salir ➜ **salgo**   poner ➜ **pongo**
traer ➜ **traigo**   saber ➜ **sé**
dar ➜ **doy**   escoger ➜ **escojo**

C ➜ ZC en la 1.ª persona del singular de los verbos terminados en **-ecer**, **-ocer** y **-ucir**.

	Conocer
Yo	cono**zc**o
Tú	conoces
Él/ella/usted	conoce
Nosotros/as	conocemos
Ustedes	conocen
Ellos/ellas/ustedes	conocen

Otros: traducir → tradu**zc**o
conducir → condu**zc**o
parecer → pare**zc**o
crecer → cre**zc**o

Cambios vocálicos

	e > ie **entender**	o > ue **volver**	e > i **pedir**	u > ue **jugar**
Yo	ent**ie**ndo	v**ue**lvo	p**i**do	j**ue**go
Tú	ent**ie**ndes	v**ue**lves	p**i**des	j**ue**gas
Él/ella/usted	ent**ie**nde	v**ue**lve	p**i**de	j**ue**ga
Nosotros/as	entendemos	volvemos	pedimos	jugamos
Ustedes	ent**ie**nden	v**ue**lven	p**i**den	j**ue**gan
Ellos/ellas/ustedes	ent**ie**nden	v**ue**lven	p**i**den	j**ue**gan

Otros:

e → ie: querer, cerrar, comenzar, empezar, perder, pensar, regar, merendar.

o → ue: poder, encontrar, dormir, acostarse, sonar, costar, recordar.

e → i: servir, vestirse.

* Recuerda: el cambio vocálico no afecta a la 1.ª persona del plural.

Verbos con doble irregularidad

	decir	**tener**	**venir**	**oír**
Yo	**digo**	**tengo**	**vengo**	**oigo**
Tú	di**c**es	t**ie**nes	v**ie**nes	o**y**es
Él/ella/usted	di**c**e	t**ie**ne	v**ie**ne	o**y**e
Nosotros/as	decimos	tenemos	venimos	oímos
Ustedes	di**c**en	t**ie**nen	v**ie**nen	o**y**en
Ellos/ellas/ustedes	di**c**en	t**ie**nen	v**ie**nen	o**y**en

Otras irregularidades
i > y (entre vocales)

	destruir
Yo	destru**y**o
Tú	destru**y**es
Él/ella/usted	destru**y**e
Nosotros/as	destruimos
Ustedes	destru**y**en
Ellos/ellas/ustedes	destru**y**en

Verbos totalmente irregulares
ir, ser

	ir	**ser**
Yo	**voy**	**soy**
Tú	**vas**	**eres**
Él/ella/usted	**va**	**es**
Nosotros/as	**vamos**	**somos**
Ustedes	**van**	**son**
Ellos/ellas/ustedes	**van**	**son**

Otros: construir, concluir, contribuir, destituir, huir.

2. Verbos reflexivos

	levantarse	acostarse
Yo	**me** levanto	**me** acuesto
Tú	**te** levantas	**te** acuestas
Él/ella/usted	**se** levanta	**se** acuesta
Nosotros/as	**nos** levantamos	**nos** acostamos
Ustedes	**se** levantan	**se** acuestan
Ellos/ellas/ustedes	**se** levantan	**se** acuestan

Otros: bañarse, vestirse, peinarse, lavarse, sentarse.

* Recuerda: siempre conjugamos estos verbos con el pronombre reflexivo; este pronombre va delante del verbo.

3. Usos del presente de indicativo

- **Para dar información sobre el presente.**
  - — Ángeles y Javier **viven** en México.
  - — Mis hermanos **están** casados.
  - — Ana **tiene** un coche de color naranja.

- **Para hablar de lo que hacemos habitualmente.**
  - — Todos los días **leo** el periódico.
  - — Siempre **te levantas** a las 7:30 h.
  - — Reina **va** frecuentemente a Toluca.

- **Para dar instrucciones.**
  - — Para poner la lavadora primero **metes** la ropa dentro, después **echas** detergente y luego **presionas** el botón.

- **Para ofrecer y pedir cosas.**
  - ▷ ¿**Quieres** una cerveza?
  - ▶ Sí, gracias.
  - ▷ ¿Me **das** el control remoto de la TV, por favor?
  - ▶ No, tómalo tú.

- **Para hacer definiciones.**
  - — Coche: **es** un vehículo que **tiene** motor y cuatro ruedas.
  - — Pluma: instrumento que **usamos** para escribir.
  - — Diccionario: libro en el que las palabras **están** ordenadas alfabéticamente.

- **Para hablar del futuro.**
  - — Mañana **come** Mariam en mi casa.
  - — Este fin de semana **van** a Guanajuato.
  - — En agosto **tenemos** una semana de vacaciones.

4. Adverbios y expresiones de frecuencia

Adverbios de frecuencia

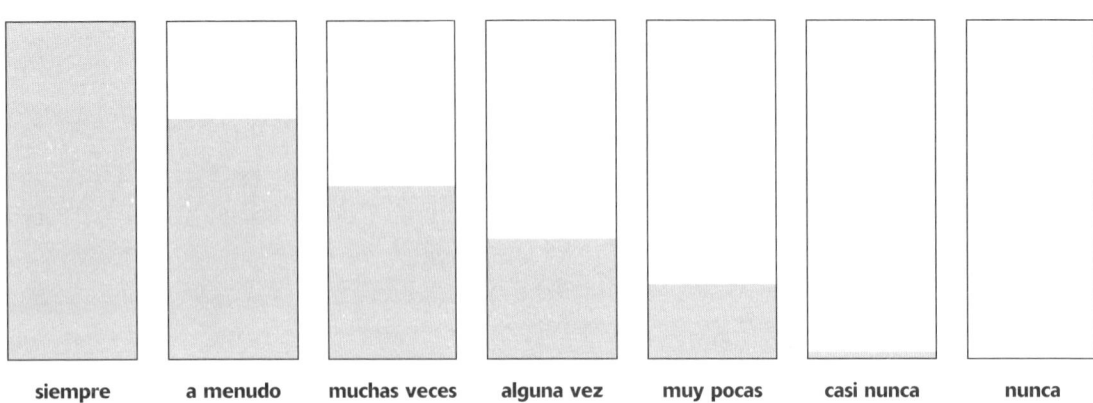

siempre | a menudo | muchas veces | alguna vez / a veces / algunas veces | muy pocas veces | casi nunca | nunca

Expresiones de frecuencia

— ***Todos*** *los días/las semanas/los meses/los años.* — *Dos/tres/ … **veces a la** semana/mes/año.*
— ***Cada*** *día semana/cuatro meses/año/cinco años.* — *Dos/tres/ … **veces por** semana/mes/año.*

* Recuerda: utilizamos los adverbios y expresiones de frecuencia para expresar las cosas que hacemos habitualmente.

Unidad 6

1. El verbo *gustar*

(A mí)	**me**		
(A ti)	**te**	el cine	las manzanas
(A él/ella/usted)	**le**	bailar	los días de lluvia
		gusta	**gustan**
(A nosotros/as)	**nos**	escuchar música	los helados
(A ustedes)	**les**	la playa	las flores
(A ellos/as/ustedes)	**les**		

Pronombre + **gusta** + infinitivo/nombre singular

Pronombre + **gustan** + nombre plural

* Recuerda: los verbos como *gustar, encantar, importar, doler,* etc., se usan solo en dos personas, la 3.ª del singular y la 3.ª del plural, dependiendo del sujeto gramatical (el cine, bailar, las manzanas…).

— *Me **gustan las películas clásicas**.*
— *¿Les **gusta bailar**?*

2. El verbo *doler*

(A mí)	**me**		
(A ti)	**te**	la cabeza	las piernas
(A él/ella/usted)	**le**	el hombro	los oídos
		duele	**duelen**
(A nosotros/as)	**nos**	el estómago	los brazos
(A ustedes)	**les**	la rodilla	las muelas
(A ellos/as/ustedes)	**les**		

Pronombre + **duele** + nombre singular

Pronombre + **duelen** + nombre plural

Otras formas de expresar dolor o malestar

	estar		tener	
Yo	estoy	enfermo/a	tengo	fiebre
Tú	estás	cansado/a	tienes	gripa
Él/ella/usted	está	resfriado/a	tiene	náuseas
Nosotros/as	estamos	enfermos/as	tenemos	cabeza
Ustedes	están	cansados/as	tienen	dolor de estómago
Ellos/ellas/ustedes	están	resfriados/as	tienen	muelas

Estar + adjetivo

Tener + nombre
Tener + **dolor de** + nombre

NIVEL A1. **COMIENZA**

* Recuerda: para expresar dolor o malestar podemos utilizar además del verbo *doler*, los verbos *tener* y *estar*.
▷ *¿Qué te pasa?* ▷ *Y a Anna, ¿qué le pasa?*
▶ **Me duelen las muelas.** ▶ **Tiene dolor de muelas.**

3. Los pronombres de objeto indirecto

Persona	Pronombre	
Yo	(A mí)	**me**
Tú	(A ti)	**te**
Él/ella/usted	(A él/ella/usted)	**le**
Nosotros/as	(A nosotros/as)	**nos**
Ustedes	(A ustedes)	**les**
Ellos/as/ustedes	(A ellos/as/ustedes)	**les**

* Recuerda: los verbos *gustar, encantar, importar, doler,* etc. van siempre acompañados del pronombre de objeto indirecto, dependiendo de la persona.
▷ *¿**Te** gusta el café?*
▶ *Sí, **me** encanta.*

4. Adverbios *también, tampoco, sí, no*

1. Con los adverbios **también** y **tampoco** expresamos coincidencia o acuerdo con lo que dice otra persona.

▷ *Yo tengo coche.* ▷ *A mí me encanta ir a la playa por la tarde.*
▶ *Yo **también**.* ▶ *A mí **también**.*
▷ *Este año **no** voy de vacaciones.* ▷ *No me gustan los gatos.*
▶ *Nosotros **tampoco**.* ▶ *A mí **tampoco**.*

2. Con los adverbios **sí** y **no** expresamos no coincidencia o desacuerdo con lo que dice otra persona.

▷ *Yo tengo coche.* ▷ *A mí me encanta ir a la playa por la tarde.*
▶ *Yo **no**.* ▶ *A mí **no**.*
▷ *Este año no voy de vacaciones.* ▷ *No me gustan los gatos.*
▶ *Nosotros **sí**.* ▶ *A mí **sí**.*

Unidad 7

1. Gerundio

Formación del gerundio

-ar	-er	-ir
-ando	-iendo	-iendo

• habl**ar** → habl**ando**   • beb**er** → beb**iendo**   • viv**ir** → viv**iendo**

Algunos gerundios irregulares

— decir → **diciendo** — reír → **riendo**
— leer → **leyendo** — dormir → **durmiendo**
— oír → **oyendo** — morir → **muriendo**

* Recuerda: el gerundio es una forma verbal invariable.

Estar + gerundio
Usamos la perífrasis *estar* + gerundio para expresar una acción que se produce en el momento en que se habla.

	Estar	Gerundio (escribir)
Yo	estoy	escribiendo
Tú	estás	escribiendo
Él/ella/usted	está	escribiendo
Nosotros/as	estamos	escribiendo
Ustedes	están	escribiendo
Ellos/ellas/ustedes	están	escribiendo

▷ ¿Dónde están Ana y Jorge?
▶ **Están comprando** en el supermercado.

▷ ¿Qué hace Joaquín?
▶ **Está viendo** la televisión.

Seguir + gerundio

Usamos la perífrasis *seguir* + gerundio para expresar la continuación de una acción que viene del pasado.

	Seguir	Gerundio (cantar)
Yo	sigo	cantando
Tú	sigues	cantando
Él/ella/usted	sigue	cantando
Nosotros/as	seguimos	cantando
Ustedes	siguen	cantando
Ellos/ellas/ustedes	siguen	cantando

— (A las 18:30) David está leyendo el periódico.
— (A las 18:45) David **sigue leyendo** el periódico.

* **Recuerda:** el verbo *seguir* es irregular.

2. Verbos y expresiones de tiempo atmosférico

Verbos: llover y nevar

Llover y *nevar* son verbos impersonales. Utilizamos la forma correspondiente a la 3.ª persona del singular.

— Llover ➡ **llueve**
— Nevar ➡ **nieva**

— En invierno **nieva** en las montañas.
— En el sur de México **llueve** a menudo.

Expresiones para hablar del tiempo

Hay + tormenta

Está + nublado

Hace + sol / calor / frío / fresco / viento / aire / mal tiempo / buen tiempo

— En La Habana normalmente **hace sol**.
— Esta noche **hay tormenta** en Querétaro.

Hace + muy/mucho + adjetivo/sustantivo

Cuando queremos resaltar la cantidad o la intensidad utilizamos *muy* o *mucho*.

Muy	Mucho
Muy + adjetivo	**Mucho** + sustantivo

— En abril **hace muy buen tiempo** en México.
— El verano es **muy caluroso** en el sur de México.

— En el Polo Norte **hace mucho frío**.
— **Hace mucho aire**.

3. Muy, mucho/a/os/as, mucho

Muy	Mucho / a / os / as	Mucho
Muy + adjetivo/adverbio	Mucho / a / os / as + nombre	Verbo + mucho

- *Ese pantalón es **muy** caro.*
- *La escuela está **muy** lejos de mi casa.*

- *Son las once de la noche y tengo **mucho** sueño.*
- *Mi hermana tiene **mucha** hambre.*
- *En la biblioteca de la universidad hay **muchos** libros.*
- *Mis amigos y yo sabemos **muchas** canciones.*

- *El chocolate me gusta **mucho**.*
- *Mis sobrinos juegan **mucho** con el PlayStation 3.*

* **Recuerda:** *muy* es invariable; *mucho, -a, -os, -as* concuerda siempre con el nombre al que se refiere o acompaña; *mucho* no cambia cuando acompaña al verbo.

4. Usos de la preposición *en*

- **La usamos junto a los nombres de las estaciones del año y de los meses.**
  - *— **En invierno** vamos a esquiar a Colorado.*
  - *— Jorge tiene vacaciones **en octubre**.*
  - *— Mi cumpleaños es **en diciembre**.*

- **La usamos para expresar el lugar donde se produce una acción determinada.**
  - *— Enma y Estela trabajan **en** una heladería.*
  - *— **En** el Caribe hace mucho calor.*
  - *— Todos los domingos Marcos come **en** casa de sus abuelos.*

- **La usamos para expresar el lugar en el que algo o alguien está situado.**
  - *— Los diccionarios están **en** el armario.*
  - *— Monterrey está **en** el norte de México.*
  - *— M.ª José está **en** su despacho.*

Unidad 8

1. Los pronombres de objeto directo

Persona	Pronombre
Yo	me
Tú	te
Él/ella/usted	la/lo (le)
Nosotros/as	nos
Ustedes	las/los
Ellos/as/ustedes	las/los

* **Recuerda:** los pronombres de 3.ª persona han de concordar en género y número con el nombre al que sustituyen.

- **Usos de los pronombres de objeto directo.**

  Usamos los pronombres de objeto directo para sustituir al nombre y evitar su repetición:

  ▷ *¿Tienes el libro de matemáticas?*
  ▶ *Sí, **lo** tengo en mi casa.*

  ▷ *¿Quién compra la tarjeta de cumpleaños?*
  ▶ ***La** compramos nosotros.*

Los pronombres de objeto directo siempre van delante del verbo:

▷ *¿Van a limpiar las habitaciones?*   ▷ *¿Dónde hacen Laura y Javier los ejercicios?*

▶ *Sí, **las limpiamos** hoy.*   ▶ ***Los hacen** en el parque.*

Si el verbo va en infinitivo o gerundio, el pronombre también puede ir detrás:

▷ *¿Estás estudiando la lección?*

▶ *Sí, estoy estudiándo**la**. //* ▶ *Sí, **la** estoy estudiando.*

▷ *¿Compras tú el pan?*

▶ *Sí, ahora voy a comprar**lo**. //* ▶ *Sí, ahora **lo** voy a comprar.*

* **Recuerda:** si ponemos el pronombre detrás del gerundio o del infinitivo lo escribimos todo junto, formando una sola palabra.

- **Lo/los** son los pronombres masculinos de 3.ª persona. **Lo** se puede sustituir por **le** si hablamos de una persona masculina:
  - *Carmen quiere mucho a Francisco.*
  - *Carmen **le** quiere mucho.*

2. Pronombres y adjetivos indefinidos

- **Los pronombres indefinidos**

Variables

Afirmativo		Negativo	
singular	plural	singular	plural
alguno/alguna	algunos/algunas	ninguno/ninguna	ningunos/ningunas

Invariables

Afirmativo		Negativo	
persona	cosa	persona	cosa
alguien	algo	nadie	nada

- **Los adjetivos indefinidos**

Afirmativo		Negativo	
singular	plural	singular	plural
algún/alguna	algunos/algunas	ningún/ninguna	ningunos/ningunas

Recuerda: los pronombres y adjetivos indefinidos variables concuerdan en género y número con la palabra a la que acompañan.

Usos de los pronombres y adjetivos indefinidos variables

Usamos los indefinidos para hablar de la existencia o no de algo o de alguien.

- Usamos **algún, alguno, alguna, algunos, algunas** y **ningún, ninguno, ninguna, ningunos, ningunas** cuando nos referimos a personas y a cosas.

  ▷ *¿Tienes **algún** juego de futbol del PlayStation 3?*

  ▶ *No, no tengo **ninguno**.*

  — ***Algunas** personas comen sin sal.*

NIVEL A1. **COMIENZA**

- **Alguno** o **ninguno** pierden la **–o** cuando van delante de un nombre masculino singular y entonces los escribimos con acento: **algún, ningún**.

    ▷ ¿Tienes **algún** juego de futbol del PlayStation 3?

    ► No, no tengo **ninguno**;

    — No, no tengo **ningún** juego de futbol.

    — Hay refrescos en el refrigerador, ¿quieres **alguno**?

    — ¿Quieres **algún** refresco?

- Normalmente no usamos **ningunos, ningunas**.

Usos de los pronombres invariables.

- Cuando hablamos de personas usamos **alguien** y **nadie**.

    ▷ ¿Hay **alguien** en el comedor?

    ► No, no hay **nadie**.

- Cuando hablamos de cosas usamos **algo** y **nada**.

    ▷ ¿Tienes **algo** en el cajón del armario?

    ► No, no tengo **nada**.

3. Pronombres y adjetivos demostrativos

masculino singular	este	ese	aquel
femenino singular	esta	esa	aquella
masculino plural	estos	esos	aquellos
femenino plural	estas	esas	aquellas

Pronombres demostrativos neutros:

neutro	esto	eso	aquello

Usos de los pronombres y los adjetivos demostrativos

- Los adjetivos demostrativos acompañan al nombre y concuerdan con él en género y número:

    — **Este** libro es mío.

    — ¿De quién son **aquellas** hojas que hay encima de la mesa?

    — **Esas** plumas no funcionan.

- Los pronombres demostrativos no acompañan al nombre, pero concuerdan en género y número con el nombre al que nos referimos:

    ▷ ¡Hola Emilio! ¿Cómo estás?

    ► Muy bien, gracias. Mira, **esta** es Manuela, mi hermana.

    ▷ ¿Te gustan estos plátanos?

    ► No, me gustan **aquellos**.

- **Esto**, **eso** y **aquello** son pronombres demostrativos neutros que usamos cuando no conocemos el nombre de alguna cosa:

    ▷ ¿Qué es **esto**?

    ► Es una lámpara.

    ▷ ¿Qué es **eso**?

    ► Es un celular.

    ▷ ¿Qué es **aquello**?

    ► Son unas zapatillas.

- Usamos **este, esta, estos, estas** y **esto** cuando nos referimos a algo cercano a nosotros. Los relacionamos con el adverbio **acá**:

    — **Esta** es mi computadora.

- Usamos **ese**, **esa**, **esos**, **esas** y **eso** cuando nos referimos a algo menos cercano a nosotros. Los relacionamos con el adverbio **ahí**:

    — ¿**Esos** CD son tuyos?

    — Sí, son nuevos.

- Usamos **aquel**, **aquella**, **aquellos**, **aquellas** y **aquello** cuando nos referimos a algo lejano a nosotros. Los relacionamos con el adverbio **allá**:

    — Mira, **aquellos** son mis hermanos Óscar y Pedro.

    — ¡Qué guapos!

4. Los interrogativos

Hay dos clases de interrogativos: variables e invariables.

- **Interrogativos variables**

Cuánto, cuánta, cuántos, cuántas
Cuánto, cuánta, cuántos, cuántas + nombre/verbo

Usamos **cuánto, cuánta, cuántos, cuántas** cuando queremos preguntar por la cantidad. Si acompaña al nombre concuerda en número y género:

▷ ¿**Cuántos** años tienes?
▶ Tengo 37 años.

▷ ¿**Cuánto** cuestan estas naranjas?
▶ 20 pesos el kilo.

- **Interrogativos invariables**

Qué	Dónde	Cómo
Qué + nombre/verbo	Dónde + verbo	Cómo + verbo

Usamos **qué** para preguntar por algo que desconocemos. Puede acompañar a un nombre o a un verbo:

▷ ¿**Qué** quieren cenar?
▶ Enchiladas.

▷ ¿**Qué** hora es?
▶ Son las diez para las seis.

Usamos **dónde** para preguntar el lugar. Acompaña al verbo:

▷ ¿**Dónde** vive Miguel?
▶ Vive cerca de la Catedral.

▷ ¿**Dónde** hay un supermercado?
▶ En la calle Hidalgo hay uno muy grande.

Usamos **cómo** para preguntar por el modo.

▷ ¿**Cómo** quiere los jitomates?
▶ Los quiero verdes, para hacer una ensalada.

▷ ¿**Cómo** es tu abrigo nuevo?
▶ Es de rayas negras y blancas, ¡muy bonito!

A veces los interrogativos llevan delante una preposición.

▷ ¿**A qué** hora te levantas?
▶ Me levanto todos los días a las 9:30 h.

▷ ¿**A cómo** están las cerezas?
▶ A 40 pesos el kilo.

▷ ¿**De qué** color son tus zapatos nuevos?
▶ Son cafés.

5. Usos de la preposición *para*

- Usamos **para** + **infinitivo** para expresar la finalidad o el objetivo de algo.
  - — La pluma es **para escribir**.
  - — Las vacaciones son **para descansar**.

- Usamos **para qué** para preguntar por la finalidad o el objetivo de algo.
  - — ¿**Para qué** sirve la pluma?
  - — ¿**Para qué** quieres un celular?

- Usamos **para** + nombre o pronombre para indicar el destinatario o el beneficiario de algo.
  - — Este reloj es **para Eugenia**.
  - — Estas cartas son **para ustedes**.

Unidad 9

1. *Ir a* + infinitivo

Usamos la perífrasis *ir a* + infinitivo para hablar de planes y proyectos. Expresamos un futuro próximo o inmediato. Normalmente utilizamos esta perífrasis con marcadores temporales:

> esta tarde; esta noche; mañana; hoy; este fin de semana; la próxima semana; este año;...

- — Mañana **vamos a cenar** a casa de Francisco.
- — Este año **voy a ir** de vacaciones a Costa Rica.
- — La próxima semana Lucía **va a visitar** a Fernando.

2. *Pensar* + infinitivo

Usamos la perífrasis *pensar* + infinitivo para expresar la intención de hacer algo en un futuro próximo o inmediato.

- ▷ ¿Qué vas a hacer esta Navidad?
- ▶ **Pienso ir** a una fiesta en el Zócalo.
- ▷ ¿Qué quiere hacer hoy Joaquín para comer?
- ▶ **Piensa hacer** unas enchiladas.
- ▷ ¿Qué van a comprar con el dinero de la lotería?
- ▶ **Pensamos comprar** un coche nuevo.

3. *Preferir* + infinitivo

Normalmente usamos la perífrasis *preferir* + infinitivo cuando nos gusta una cosa más que otra, pero también la utilizamos para hablar de planes o proyectos para el futuro.

- ▷ ¿Qué vas a estudiar el próximo curso, Medicina o Farmacia?
- ▶ **Prefiero estudiar** Medicina.
- ▷ ¿Van a ir tus padres este fin de semana a Toluca?
- ▶ No, porque mi madre **prefiere ir** a Querétaro.

4. *Querer* + infinitivo

Usamos la perífrasis *querer* + infinitivo para expresar nuestro interés por algo que deseamos y también para ofrecer alguna cosa a alguien.

- — Pablo y Eugenia **quieren comprar** un Apartamento.
- ▷ ¿**Quieres tomar** algo?
- ▶ Sí, gracias. Agua fresca, ¡tengo mucha sed!
- — El miércoles **queremos ir** a ver la tercera parte de "El Señor de los Anillos".

5. *Poder* + infinitivo

Usamos la perífrasis *poder* + infinitivo para introducir una pregunta o pedir algo a alguien.
> ▷ María, ¿**pueden ir** tus padres a la excursión a Michoacán?
> ▶ *Sí, les gusta mucho ir de excursión.*
> ▷ ¿**Puedes cerrar** la puerta, por favor? Es que hace mucho aire.
> ▶ *Sí, claro.*
> ▷ ¿**Pueden venir** hoy en la noche a tomar la copa?
> ▶ *No, es que tenemos que estudiar porque mañana hacemos un examen de gramática.*

6. *Hay que* + infinitivo

Usamos la perífrasis *hay que* + infinitivo para expresar una obligación impersonal, generalizada.
— *Para estar en forma* **hay que hacer** *ejercicio.*
— *Para ir a República Dominicana* **hay que ir** *en barco o en avión.*
— *Para usar la computadora* **hay que saber** *informática.*

7. *Tener que* + infinitivo

Usamos la perífrasis *tener que* + infinitivo para expresar una obligación o recomendar algo enfáticamente.
— *Elena* **tiene que ir** *a la Central Camionera a buscar a Benjamín.*
— **Tienen que escribir** *un reporte para el lunes.*
— *Mañana* **tienes que comprar** *el pan y el periódico.*

8. *Deber* + infinitivo

Usamos la perífrasis *deber* + infinitivo para expresar una obligación y también para dar consejos.
— *Me duelen mucho las muelas,* **debo ir** *pronto al dentista.*
— **Debemos visitar** *a Cristina, pero no tenemos tiempo.*
— *El sábado* **deben ordenar** *su habitación.*

Unidad 10

1. La negación

- **Negación neutra o débil.**

    Usamos expresiones como: *bueno, bueno, no…; no* + información; *nunca* + información.
    > ▷ *Estoy cansada de mi jefe. ¡Voy a cambiar de trabajo!*
    > ▶ **Bueno, bueno, no** *hay que tomar decisiones tan importantes sin pensar antes.*
    > ▷ *¿Vas a ir este año de vacaciones a Cancún?*   ▷ *¿Vamos al cine esta noche?*
    > ▶ *No lo sé, porque* **no** *tengo mucho dinero.*   ▶ **No** *tengo ganas.*
    > ▷ *¡**Nunca** tienes ganas!*

- **Negación fuerte.**

    Usamos expresiones como: *¡ni hablar!; no quiero ni* + infinitivo; *¡que no!; para nada.*
    > ▷ *Mamá quiero chocolate.*   ▷ *¿Sabes algo de Alberto?*
    > ▶ *¡**Ni hablar!** No se come chocolate antes de la comida.*   ▶ *No, y* **no quiero ni oír** *su nombre.*
    > ▷ *Solo un poco…*   ▷ *¿No quieres volver a verlo?*
    > ▶ *¡Que no!*   ▶ *No,* **para nada.**

NIVEL A1. **COMIENZA** [noventa y cinco] 95

- **Doble negación.**

  Usamos expresiones como: *no ... nada; no ... nunca jamás; ni ... ni.*

  ▷ *¿Quieres tomar algo?*
  ▶ **No** *gracias,* **nada**.

  ▷ *¿Van a volver tus papás al restaurante de la playa?*
  ▶ *Dicen que* **nunca jamás**, *no les gusta nada.*

  ▷ *¿Quieres leer este libro de poemas?*
  ▶ *No, no me gusta* **ni** *la poesía* **ni** *las biografías, prefiero la novela.*

- **Otras expresiones que indican negación.**

  Usamos estas expresiones acompañadas de gestos que expresan disgusto. Depende del contexto y de la entonación también pueden indicar afirmación: *¡claro!; ¡cómo crees!; ¡sí, hombre!; ¡y qué más!*

  ▷ *Dice Carlos que te gusta la astronomía.*
  ▶ *Sí, mucho.*

  ▷ *¿Me puedes decir dónde está el asteroide 5493?*
  ▶ **¡Claro!** *Ahora mismo.*

  ▷ *¿Sabes que Pepe y María se van a comprar un Ferrari?*
  ▶ **¡Cómo crees!** *Es un BMW.*

  ▷ *¿Quieres más postre?*
  ▶ **¡Sí!** *Yo no puedo más.*

  ▷ *Rebeca, ¿me traes una naranja?*
  ▶ **¡Y qué más!** *No quiero.*

2. Expresar opinión

- **Dar una opinión.**

  Usamos las siguientes expresiones:

  > (Yo) *creo que;* (Yo) *pienso que; Para mí;* (A mí) *me parece que; En mi opinión* + opinión

  ▷ *¿Qué piensan del Horóscopo?*
  ▶ *Yo* **pienso que** *todo es mentira.*
  ▶ *Pues, yo* **creo que** *es muy interesante y que a veces es verdad.*

  ▷ *¿Qué opinan de la Navidad?*
  ▶ **Para mí,** *son las mejores fiestas porque estamos toda la familia junta, rompemos piñatas...*
  ▶ **A mí me parece que** *es estupenda porque me compran muchos regalos.*
  ▶ **En mi opinión,** *son unas fiestas que solo sirven para gastar dinero.*

- **Pedir una opinión.**

  > *¿Tú qué crees?; ¿Qué opinas de; ¿Qué te parece/n...?* + tema?

  ▷ *Diego y Óscar van a dar la vuelta al mundo, creo que están locos.* **¿Tú qué crees?**
  ▶ *Que es fantástico, van a conocer muchísima gente y van a ver lugares increíbles.*

  ▷ *¿Qué opinas de la situación en Haití?*
  ▶ *Pienso que allá hay demasiada pobreza.*

  ▷ *¿Qué te parece este mole?*
  ▶ *¡Está buenísimo! ¿Puedo comer más?*

3. Organizadores del discurso

— Para introducir la enumeración de ideas	➔ *En primer lugar...*
— Para continuar con otra u otras ideas	➔ *Además...; También...*
— Para introducir un argumento nuevo	➔ *En segundo/tercer lugar...; Por otra parte...*
— Para introducir una idea que se opone a lo anterior	➔ *Pero...*
— Para finalizar la exposición	➔ *Por último...; En conclusión...*

En primer lugar, quiero dar las gracias a todas las personas que están en esta sala y **también** a todas las que me están viendo por la televisión desde sus casas u otros lugares. **En segundo lugar,** quiero dar las gracias al jurado por darme este premio que tanto merezco y que hace mucho tiempo estoy esperando. **Pero,** no puedo aceptarlo. Creo que ustedes me dan este premio por lástima; soy una persona mayor y orgullosa y pienso que ahora es el momento de los jóvenes. **En conclusión,** aquí dejo este premio. No lo quiero. Buenas noches.

4. ¿Por qué? y Porque

Usamos *¿por qué?* cuando hacemos una pregunta. Usamos *porque* para responder a una pregunta.

▷ **¿Por qué** llevas siempre ese abrigo negro? ▷ **¿Por qué** compras la fruta en el mercado?
▶ **Porque** me gusta y es muy cómodo. ▶ **Porque** es más barata.

▷ **¿Por qué** duerme Marcos con la luz encendida?
▶ **Porque** tiene miedo de la oscuridad.

Unidad 11

1. Pretérito (verbos regulares)

	hablar	comer	vivir
Yo	hablé	comí	viví
Tú	hablaste	comiste	viviste
Él/ella/usted	habló	comió	vivió
Nosotros/as	hablamos	comimos	vivimos
Ustedes	hablaron	comieron	vivieron
Ellos/ellas/ustedes	hablaron	comieron	vivieron

2. Reflexivos

		Lavarse
Yo	me	lav**é**
Tú	te	lav**aste**
Él/ella/usted	se	lav**ó**
Nosotros/as	nos	lav**amos**
Ustedes	se	lav**aron**
Ellos/ellas/ustedes	se	lav**aron**

3. Pretérito (verbos irregulares)

	ser	ir	estar	tener	decir
Yo	fui	fui	estuve	tuve	dije
Tú	fuiste	fuiste	estuviste	tuviste	dijiste
Él/ella/usted	fue	fue	estuvo	tuvo	dijo
Nosotros/as	fuimos	fuimos	estuvimos	tuvimos	dijimos
Ustedes	fueron	fueron	estuvieron	tuvieron	dijeron
Ellos/ellas/ustedes	fueron	fueron	estuvieron	tuvieron	dijeron

– El significado del verbo (*ser* o *ir*) depende siempre del contexto.
– Estos verbos irregulares no llevan tilde (´): Ejemplo: *Él fué = mal / Él fue = bien.*

NIVEL A1. **COMIENZA**

4. Uso del pretérito (marcadores temporales de pretérito)

Usamos el **pretérito** para hablar de todas las *acciones pasadas* en un periodo de tiempo terminado del pasado:

- Hay palabras que indican cuándo pasa la acción:
  - **Ayer** indica que la acción pasó en un *tiempo terminado* del pasado.
    Ayer me levanté a las ocho.

- Hay dos grupos de marcadores temporales de pretérito:

    a. Palabras que indican un momento concreto.

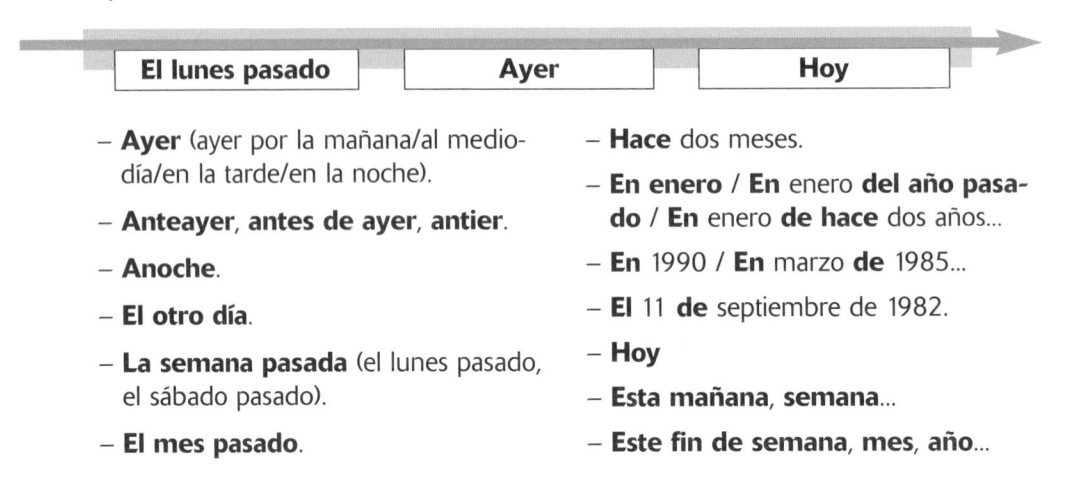

    | El lunes pasado | Ayer | Hoy |

    - **Ayer** (ayer por la mañana/al mediodía/en la tarde/en la noche).
    - **Anteayer**, **antes de ayer**, **antier**.
    - **Anoche**.
    - **El otro día**.
    - **La semana pasada** (el lunes pasado, el sábado pasado).
    - **El mes pasado**.

    - **Hace** dos meses.
    - **En** enero / **En** enero **del año pasado** / **En** enero **de hace** dos años...
    - **En** 1990 / **En** marzo **de** 1985...
    - **El** 11 **de** septiembre de 1982.
    - **Hoy**
    - **Esta mañana, semana**...
    - **Este fin de semana, mes, año**...

    b. Palabras que indican un periodo de tiempo cerrado o delimitado.

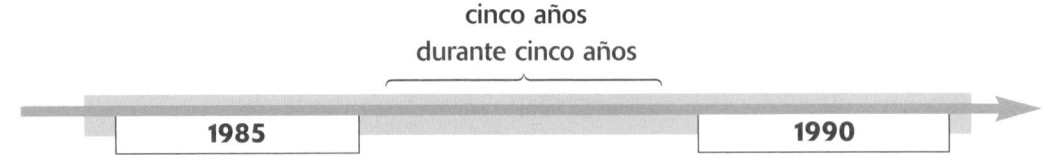

    cinco años
    durante cinco años

    | 1985 | 1990 |

    Ejemplos: *Trabajé **cinco años** en Japón.*
    *No trabajé **durante cinco años**.*

    - **Siete** días/semanas/meses/años...
    - **Durante nueve** días/semanas/meses/años...
    - **Desde** el lunes **hasta** el martes.

Unidad 12

1. El imperativo afirmativo

Imperativo regular

	-ar	cantar	-er	responder	-ir	vivir
Tú	-a	cant**a**	-e	respond**e**	-e	viv**e**
Usted	-e	cant**e**	-a	respond**a**	-a	viv**a**
Ustedes	-en	cant**en**	-an	respond**an**	-an	viv**an**

Imperativo irregular

Los verbos irregulares en presente de indicativo, mantienen la irregularidad en el imperativo.

	pensar	volver	dormir
Tú	piensa	vuelve	duerme
Usted	piense	vuelva	duerma
Ustedes	piensen	vuelvan	duerman

Otros verbos son totalmente irregulares

	decir	hacer	ir	oír
Tú	di	haz	ve	oye
Usted	diga	haga	vaya	oiga
Ustedes	digan	hagan	vayan	oigan

	poner	salir	tener	venir
Tú	pon	sal	ten	ven
Usted	ponga	salga	tenga	venga
Ustedes	pongan	salgan	tengan	vengan

Imperativo + pronombres

Cuando tenemos un verbo reflexivo o cuando el imperativo va acompañado de un pronombre, ponemos el pronombre detrás del verbo, formando una sola palabra.

▷ ¿*Cierro la puerta?*

▶ *Sí, ciérra**la**.*

— *Pon**te** el abrigo, hace frío.*

2. Usos del imperativo

Dar órdenes

A. Una madre a su hija.

— *Marina, **siéntate** y **haz** tu tarea.*

B. Un policía de tránsito a un conductor.

— *¡Usted! **Quite** el coche, ahí no se puede estacionar.*

C. El profesor a los alumnos.

— ***Escuchen** con atención y **tomen** notas.*

* **Recuerda:** a veces, para suavizar una orden, utilizamos *por favor*.

— *Luis, **pon** la mesa, por favor.*

Dar instrucciones

A. Una receta de cocina.

— ***Pele** las papas y **lávalas**. **Eche** aceite en la sartén y **enciende** el fuego.*

B. Dar una dirección.

— ***Sigue** derecho y al final de la calle **gira** a la izquierda.*

C. Envolver un regalo.

— ***Mide** el papel y **córtalo**. **Pon** el regalo en medio, **envuélvelo** y **pégalo** con cinta adhesiva.*

Dar consejos

A. El médico al paciente.
— Si se cansa cuando sube las escaleras, **haga** ejercicio más a menudo.

B. Un amigo a otro.
▷ No sé qué hacer con Esther. Hace muchos días que no nos vemos.
► **Llámala** y **habla** con ella. Es mejor tener las cosas claras.

C. Un anuncio publicitario.
— Si necesita descansar. Si quiere ver la televisión, escuchar música, leer tranquilamente, etc. Esta es su oportunidad. ¡**Compre** nuestro robot XCOP!

Llamar la atención

A. Un grupo de amigos en la montaña.
▷ ¡**Miren, miren**! ¡Un OVNI!
► ¡Cómo crees! Es un avión, tonto.

B. En una tienda de ropa.
▷ ¿Puedo probarme este vestido?
► Sí, claro. **Mira**, el probador está a la derecha.

C. En el despacho.
▷ **Oiga**, señor director, ¿qué hago con estos informes?
► Póngalos en el archivero. Gracias.

3. Organizadores del discurso

En la unidad 10 hemos visto organizadores del discurso; a continuación tienes otros diferentes.

Para empezar →	Primero...
Para continuar →	Luego...; Después...; A continuación...
Para finalizar →	Finalmente...; Por fin...; Para acabar...

Instrucciones para dar un buen paseo.

"**Primero**, ponte ropa y zapatos cómodos. **Luego**, llama a un amigo o amiga. **Después**, vayan al parque y empiecen a caminar despacio, sin prisa. **A continuación**, miren los árboles, los pájaros, el cielo... **Para acabar**, siéntense en la terraza de un bar, tomen unas botanas y platiquen de sus cosas."

4. Secuencias de afirmación

En español, a veces, para contestar afirmativamente a alguna pregunta no utilizamos solamente **sí**, usamos las siguientes expresiones:

Sí, claro; Sí, por supuesto; Sí, cómo no; Claro, claro

▷ Papá, ¿puedo salir hoy en la noche?
► **Sí, claro**. Pero ven antes de la una.
▷ El sábado voy a una cena, ¿me prestas tu falda de rayas?
► **Sí, por supuesto**.
▷ Julia, Antonio, ¿puedo ir al futbol con ustedes?
► **Sí, cómo no**. Va a ser un partido emocionante.
▷ Hace mucho calor, ¿puedo abrir la ventana?
► **Claro, claro**. Yo también tengo calor.

Claves

Unidad 1

1.1. 1. a, ele; 2. ce, o; 3. eme, i; 4. eme, equis; 5. ge; 6. pe, efe; 7. e, u, ene; 8. be, jota.

1.2. **Médico** → eme / e / de / i / ce / o; **Aeromoza** → a / e / erre / o / eme / o / zeta / a; **Abogada** → a / be / o / ge / a / de / a; **Jefes** → jota / e / efe / e / ese; **Taxista** → te / a / equis / i / ese / te / a; **Peluquero** → pe / e / ele / u / cu / u / e / erre / o; **Vendedor** → uve / e / ene / de / e / de / o / erre; **Profesora** → pe / erre / o / efe / e / ese / o / erre / a.

1.3. **Médico** → hospital; **Aeromoza** → avión; **Abogada** → tribunal; **Jefes** → empresa; **Taxista** → coche; **Peluquero** → peluquería; **Vendedor** → tienda; **Profesora** → escuela.

1.4. 5 → cinco; 6 → seis; 1 → uno; 15 → quince; 7 → siete; 4 → cuatro; 10 → diez; 3 → tres; 2 → dos.

1.5. 18 → dieciocho; 14 → catorce; 25 → veinticinco; 42 → cuarenta y dos; 36 → treinta y seis; 27 → veintisiete; 19 → diecinueve; 15 → quince; 17 → diecisiete.

1.6. 14 → cuarenta y uno (41); 18 → ochenta y uno (81); 42 → veinticuatro (24); 25 → cincuenta y dos (52); 27 → setenta y dos (72); 36 → sesenta y tres (63); 19 → noventa y uno (91); 15 → cincuenta y uno (51); 17 → setenta y uno (71).

1.7. 25 → veinticinco; 50 → cincuenta; 66 → sesenta y seis; 42 → cuarenta y dos; 15 → quince; 55 → cincuenta y cinco; 81 → ochenta y uno; 70 → setenta; 16 → dieciséis.

1.8. 1. Queso; 2. guitarra; 3. cuchara; 4. cerveza; 5. casa; 6. vaca; 7. balanza; 8. camarón; 9. bandera; 10. jamón; 11. vaso; 12. jirafa; 13. llave; 14. girasol; 15. yogur; 16. cigarro; 17. karateka; 18. yema; 19. zapato; 20. llorar.

1.9.
- **Formas del singular.**
  1. Soy–yo; 2. Se llama–él, ella, usted; 3. Eres–tú; 4. Me llamo–yo; 5. Tienes–tú; 6. Tengo–yo; 7. Es–él, ella, usted; 8. Trabajo–yo; 9. Te llamas–tú; 10. Trabajas–tú.

- **Formas del plural.**
  1. Somos–nosotros/as; 2. Tienen–ellos/as, ustedes; 3. Se llaman–ellos/as, ustedes; 4. Trabajamos–nosotros/as; 5. Nos llamamos-nosotros/as; 6. Trabajan-ellos/as, ustedes; 7. Son-ellos/as, ustedes; 8. Tenemos-nosotros/as.

1.10. **Ser:** 1. soy; 2. somos; 3. son; 4. es; 5. son; 6. son; 7. eres; 8. es; 9. es; 10. es.
Tener: 1. tienes/Tengo; 2. tienen; 3. Tiene; 4. Tienen/tenemos; 5. tiene; 6. tiene; 7. tienen; 8. tener; 9. tú tienes, él/ella/usted tiene; 10. Nosotros/as tenemos, ustedes tienen, ellos/as/ustedes tienen.
Trabajar: 1. trabaja; 2. trabajo; 3. trabaja; 4. trabajan; 5. trabajas; 6. trabajamos; 7. trabajan; 8. trabajan; 9. trabajo; 10. trabajar.
Llamarse: 1. se llaman; 2. te llamas; 3. me llamo, me llamo; 4. se llama; 5. se llaman; 6. se llama; 7. te llamas; 8. te, se, se, se; 9. se, se, se; 10. llamarse.

1.11. 1. japonés/a; 2. italiano/a; 3. francés/a; 4. inglés/a; 5. estadounidense; 6. chileno/a; 7. dominicano/a; 8. argentino/a; 9. brasileño/a; 10. peruano/a.

1.12. 1. Colombia; 2. Uruguay; 3. China; 4. México; 5. España; 6. Cuba; 7. Holanda; 8. Alemania; 9. Suiza; 10. Panamá.

1.13. 1. De dónde / Cómo / Quién; 2. Cuántos; 3. Cómo; 4. Quién / De dónde / Cómo; 5. Cuántos; 6. Cómo; 7. Cómo / De dónde; 8. Cómo; 9. Cómo / De dónde / Quién.

1.14. 1. profesor; 2. taxista; 3. pintor; 4. actor; 5. doctora; 6. secretarias.

1.15. 1. b; 2. a; 3. c; 4. a; 5. b; 6. b.

1.16. 1. En Bogotá; 2. Del sur de Colombia; 3. Veinte años; 4. Francés y japonés.
1. F; 2. F; 3. V; 4. F.

1.17. 1. Este, estos; 2. Sr., Sra.

NIVEL A1. **COMIENZA**   [ciento uno] **101**

Unidad 2

2.1. **1.** El libro; **2.** El problema; **3.** La carpeta; **4.** La noche; **5.** La clase; **6.** El día; **7.** El coche; **8.** La mano; **9.** El sobre; **10.** La dirección.

2.2. **1.** Un libro; **2.** Un problema; **3.** Una carpeta; **4.** Una noche; **5.** Una clase; **6.** Un día; **7.** Un coche; **8.** Una mano; **9.** Un sobre; **10.** Una dirección.

2.3. **1.** La casa blanca; **2.** El espejo grande; **3.** Las sillas cómodas; **4.** El libro interesante; **5.** Los lentes oscuros; **6.** Los jitomates rojos.

2.4. **2.** La ventana está a la derecha. **3.** Los niños son americanos. **4.** Las carpetas están encima de la mesa. **5.** El coche es negro.

2.5. **1.** hablo, hablas, habla; **2.** como, comes, come; **3.** escribo, escribes, escribe.

2.6. **1.** escuchamos, escuchan, escuchan; **2.** leemos, leen, leen; **3.** vivimos, viven, viven.

2.7. **1.** Los libros están encima de la mesa; **2.** Yo tengo un celular gris; **3.** Los lentes de Ángeles son rojos; **4.** En la clase de Jorge hay catorce sillas; **5.** ¿Qué dirección de e-mail tiene José?; **6.** Los estudiantes preguntan al profesor; **7.** Las profesoras de Gregory se llaman Paula y Linda; **8.** Laura vive cerca de la escuela; **9.** El cesto de basura está debajo de la mesa; **10.** El despacho de M.ª José está en el 2.º piso.

2.8. **1.** escuchan; **2.** tira; **3.** lee; **4.** borramos; **5.** hablas; **6.** Bebe; **7.** miran; **8.** escribo; **9.** Comprendes; **10.** Escuchan.

2.9. **1.** ¿Habla mucho en clase?; **2.** ¿Escribe cartas con frecuencia?; **3.** ¿Dónde vive?; **4.** ¿Comprende las instrucciones?; **5.** ¿Escucha música en español?

2.10. **1.** *Piolín está* **lejos de** *la jaula*; **2.** Piolín está **detrás de** la jaula; **3.** Piolín está **a la derecha de** la jaula; **4.** Piolín está **dentro de** la jaula; **5.** Piolín está **cerca de** la jaula; **6.** Piolín está **encima de** la jaula; **7.** Piolín está **a la izquierda de** la jaula; **8.** Piolín está **delante de** la jaula; **9.** Piolín está **entre** la jaula y la televisión; **10.** Piolín está **debajo de** la jaula; **11.** Piolín está **fuera de** la jaula; **12.** Piolín está **al lado de** la jaula.

2.11. me levanto, escucho, leo, se levanta, tomamos, es, estudia, se llama, es, estudia, escucha, lee, pregunta, escribe, aprende, estoy.

2.12. **1.** hay; **2.** está; **3.** Hay; **4.** hay; **5.** está, Ø; **6.** está; **7.** está; **8.** hay; **9.** Ø; **10.** Ø.

2.13. En mi clase hay **cuatro sillas**, una lámpara blanca y muy grande y **un** pizarrón. La profesora habla siempre en español y nosotros escuch**amos** con atención. También hay **un** cesto de basura y **una** grabadora para las clases de conversación. Mi amigo y yo le**emos** muchos libros en español y estudi**amos** mucho en casa. Tenemos libros y **unos** diccionarios para trabajar y cada día aprendemos más gramática.

2.14. **1.** Rojo; **2.** Casa; **3.** Leche; **4.** Calle; **5.** Departamento; **6.** Oficina; **7.** Trabajamos; **8.** Negro; **9.** Vasos; **10.** Sobre.

2.15. INODORO / SILLÓN / HORNO / RELOJ / SOFÁ / ESPEJO / MESA.

2.16. **En la oficina:** señor / está / usted.
En un bar: estás / Tienes / tú / tienes.

2.17. **1.** Av., n.°, 2.°, 3.°; **2.** C/; **3.** Pza., n.°, dcha.; **4.** (@).

2.18. **1.** ROTULADOR; **2.** CARPETA; **3.** AVENIDA; **4.** DIRECCIÓN; **5.** TIMBRE; **6.** SOFÁ.

2.19. **1.** El apartamento tiene cuatro recámaras. **2.** Encima del escritorio hay una computadora. **3.** La lavadora está en un baño. **4.** En la recámara hay un escritorio, una computadora y una lámpara.
1. Falso; **2.** Verdadero; **3.** Falso; **4.** Falso.

Unidad 3

3.2. grande, luminosa, alto, güero, gordito, alta, morena, delgada, calvo, feo, pelirroja, gorda, delgada, rojo, simpático, alegre, agradable.

3.3. luminosa → oscura; alto → bajo; güero → moreno; gordito → delgado; alta → baja; morena → güera; delgada → gorda; calvo → Ø (con pelo); feo → guapo; simpático → antipático; alegre → triste; agradable → desagradable.

3.4. Playa: Extensión de arena en la orilla del mar. Luminosa: Que tiene mucha luz. Turista: Persona que viaja por distintos países. Francés: Persona de Francia. Calvo: Persona que no tiene pelo. Traje de baño: Prenda de vestir que utilizamos para bañarnos. Grande: De mayor tamaño. Delgada: Persona que tiene poca carne o grasa en el cuerpo. Lentes: Utensilio que usamos para ver bien. Calor: Ausencia de frío.

3.5. **Tener** ojos verdes, el pelo largo.

Ser alta, simpática, guapo, calvo, serio.

Llevar un bikini rojo, una camiseta.

3.6. **Ser** va con adjetivos.

Tener va con sustantivos.

Llevar va con prendas de vestir.

3.7. Escribe los adjetivos posesivos que faltan.

Masculino • Tu; Nuestro; Su.

Femenino • Mi; Su; Su.

3.8. **Masculino** • Mis; Tus; Sus; Nuestros; Sus; Sus.

Femenino • Mis; Tus; Sus; Nuestras; Sus; Sus.

3.9. Nuestro/su; Mis/tuyos; nuestra/nuestra/suya; mis/mis/tuyos/suyos/míos/mis/nuestros.

3.10. Señala el pronombre posesivo equivalente a los adjetivos siguientes:

nuestro ➜ nuestro; su ➜ suyo; tus ➜ tuyas; mi ➜ mío; sus ➜ suyos; sus ➜ suyas; tus ➜ tuyos; mi ➜ mía.

3.11. **1.** roja; **2.** grises; **3.** azul; **4.** negros; **5.** oscuros, roja, gris, blanca.

3.12. **1.** suéter; **2.** zapatos; **3.** alto / claro; **4.** grandes / cómodos; **5.** ondulado; **6.** simpáticos; **7.** playeras; **8.** suecas.

3.13.

	Trabajar	Ver	Vivir	Estudiar
Yo	**trabajo**	veo	vivo	estudio
Tú	trabajas	ves	**vives**	estudias
Él/ella/usted	trabaja	ve	vive	estudia
Nosotros/as	trabajamos	**vemos**	vivimos	estudiamos
Ustedes	trabajan	ven	viven	**estudian**
Ellos/as/ustedes	trabajan	ven	viven	estudian

3.14. **1.** tienen; **2.** está; **3.** venden; **4.** compra; **5.** es; **6.** llevo; **7.** llevas; **8.** tiene; **9.** son; **10.** haces.

3.15. trabaja; Vende; abre; está; hay; compran; es; tiene.

3.16. Yo soy; tú eres; él/ella/usted es.

Yo tengo; tú tienes; él/ella/usted tiene.

Yo hago; tú haces; él/ella/usted hace.

Nosotros/as compramos; ustedes compran; ellos/as/ustedes compran.

Nosotros/as abrimos; ustedes abren; ellos/as/ustedes abren.

Nosotros/as vendemos; ustedes venden; ellos/as/ustedes venden.

3.17. mi; lentes; dependienta; grande; enamorado.

3.18. **1.** La mujer de Felipe se llama María; **2.** Los alumnos de Cristina son simpáticos; **3.** Mi padre lleva lentes para leer mejor; **4.** Javier y Laura tienen una hija preciosa; **5.** ¿De dónde son tus padres?; **6.** Estas gafas de sol cuestan 210 pesos; **7.** La familia de Eva vive en Guadalajara; **8.** Su apartamento está en el centro; **9.** Mi tío Miguel tiene el pelo blanco; **10.** Yolanda y Diego son novios y son de Montevideo.

3.19. mujer; hijas; marido; yerno; novio; yerno; marido; nieta; hijo; hija; sobrino; sobrina; nieto; nieta.

3.20.

	1	2	3	4	5	6	7	8	9	10
1.			B	I	G	O	T	E		
2.	H	E	R	M	A	N	O	S		
3.		N	U	E	S	T	R	A		
4.		C	A	L	C	E	T	I	N	E	S
5.			A	L	E	M	A	N		
6.			T	I	E	N	D	A		
7.	D	O	M	I	N	G	O			
8.	S	O	M	B	R	E	R	O		
9.	D	E	P	E	N	D	I	E	N	T	E
10.			S	I	E	T	E			
11.			A	L	E	G	R	E		

La palabra secreta es: INTELIGENTE

3.21. **1.** Maite; **2.** Tres sobrinas; **3.** En San Pedro, cerca de la casa de los padres de Ana; **4.** Ana.
A. F; **B.** F; **C.** V; **D.** F.

Unidad 4

4.1. Necesitamos-Nosotros; Quieres-Tú; Necesitan-Ellas; Prefiero-Yo; Quiere-Él.

4.2. prefiero-quiero / prefieres-quieres / prefiere-quiere.

4.3. Que la **e** del infinitivo diptonga en **ie**.

4.4. preferimos-queremos / prefieren-quieren / prefieren-quieren.

4.5. Que la **e** del infinitivo diptonga en **ie**.

4.6. necesito; necesitas; necesita; necesitamos; necesitan; necesitan.

4.7. Regular.

4.8. necesito / prefiero / queremos / necesita / quiere / prefiere.

4.9. **Dos respuestas posibles.**
▷ ¿Necesitas carro para ir a tu trabajo o a tu centro de estudios?
▶ Sí, necesito carro para ir a mi trabajo.
▶ No, no necesito carro para ir a mi trabajo.
▷ ¿Qué medio de transporte prefieres, el carro, el camión, el metro...?
▶ Prefiero el carro.
▷ ¿Quieres comprar un carro nuevo ahora?
▶ Sí, sí quiero comprar un carro nuevo.
▶ No, no quiero comprar un carro nuevo.

4.10. **1.** escribir; **2.** ir; **3.** una Coca-Cola; **4.** estudiar; **5.** un diccionario; **6.** cenar; **7.** el carro; **8.** unos zapatos nuevos; **9.** sopa.

4.11.

Preferir + *infinitivo*	Necesitar + *infinitivo*	Querer + *infinitivo*
— Prefiero escribir con una pluma. — Los alumnos de Miguel prefieren estudiar gramática.	— Lola necesita ir al banco.	— Charo quiere cenar en un restaurante.

Preferir + *sustantivo*	Necesitar + *sustantivo*	Querer + *sustantivo*
— Prefiero el carro porque es más cómodo y seguro que la moto.	— Ustedes necesitan un diccionario para estudiar español. — Pablo necesita unos zapatos nuevos.	— ¿Quieres una Coca-Cola? — Marina no quiere sopa para comer.

4.12. **Posibles respuestas.**

1 más / que; **2.** más / que; **3.** tan / como; **4.** más / que; **5.** tan / como; **6.** más / que; **7.** tan / como; **8.** más / que; **9.** más / que ; **10.** más / que.

4.13. **1.** mayor; **2.** peor; **3.** mayor; **4.** mejor; **5.** peores.

4.14. **1.** peor; **2.** mayores; **3.** mejores; **4.** menores; **5.** peor.

4.15. **1.** vamos; **2.** Voy; **3.** vas; **4.** van; **5.** va; **6.** va-Voy; **7.** van-van; **8.** Van-vamos; **9.** va; **10.** van-voy.

4.16. **1.** en; **2.** a; **3.** al (a + el); **4.** —; **5.** A; **6.** en; **7.** en, en; **8.** en; **9.** en; **10.** A.

4.17. **1.** Yo voy al centro de la ciudad en moto. **2.** Mis amigos prefieren ir en carro. **3.** Ustedes no necesitan tomar el bus; van a pie, está cerca. **4.** Tú eres más joven que yo. **5.** ¿Quieres (tú) escribir una carta a los Reyes Magos?

4.18. **1.** Pablo va **a** la universidad en moto; **2.** Mis hermanas prefieren **leer** el periódico; **3.** Necesito escribir una carta para Eva; **4.** Cerca de mi casa **hay** una farmacia; **5.** Susana es tan alta **como** Cristina; **6.** Viajar en avión es mejor que viajar en bicicleta; **7.** Mi papá **prefiere** ver las noticias de CNN; **8.** Laura y Paula van **a** pie a trabajar.

4.19. **Posibles respuestas.**

Rápido-Metro / Romántico-Barco / Ecológico-Bicicleta / Caro-Avión / Barato-Camión / Sano-Caminando.

4.20. Viejo-Joven / Caro-Barato / Rápido-Lento / Grande-Pequeño / Mejor-Peor / Mayores-Menores / Bueno-Malo / Más que-Menos que / Delante de-Detrás de.

4.21. Necesito / está / cerca / a la derecha / lejos / al lado del.

4.22. **1.** ESTACIÓN; **2.** BARATO; **3.** TRANSPORTES; **4.** VIAJAR; **5.** MENORES; **6.** NECESITAR.

4.24. **Metro:** rápido / puntual / práctico. **Autobús:** agradable / relajante / lento / impuntual.

4.25. **1.** F; **2.** V; **3.** F; **4.** V.

Unidad 5

5.1. pido / pides / pide / piden.

sirvo / sirves / sirve / sirven.

me visto / te vistes / se viste / se visten.

Irregularidad: la **e** del infinitivo cambia a **i**.

5.2. me acuesto / te acuestas / se acuesta / nos acostamos / se acuestan / se acuestan.

me despierto / te despiertas / se despierta / nos despertamos / se despiertan / se despiertan.

Irregularidad: Acostarse → la **o** del infinitivo diptonga en **ue**.

Despertarse → la **e** del infinitivo diptonga en **ie**.

5.3. doy / hago / traduzco / salgo / conozco / sé / pongo / vengo / tengo / digo / oigo / voy / soy / construyo.

5.4. 23:00: las once en punto. 12:30: las doce y media. 15:45: cuarto para las cuatro / las tres y cuarenta y cinco. 19:25: las siete y veinticinco. 01:05: la una y cinco. 07:56: cuatro para las ocho / las siete y cincuenta y seis. 20:15: las ocho y cuarto. 03:38: las tres y treinta y ocho / veintidós para las cuatro.

5.5. ¿A qué hora se despierta?; ¿A qué hora se baña?; ¿A qué hora desayuna?; ¿A qué hora se lava los dientes?; ¿A qué hora se viste?; ¿A qué hora sale de casa?; ¿A qué hora empieza a trabajar?; ¿A qué hora se acuesta?

5.6. **Posibles respuestas:** ¿Cuándo te bañas, en la mañana o en la noche? o ¿Te bañas en la mañana o en la noche?; ¿Con qué frecuencia/Cuándo vas al gimnasio/haces gimnasia?; ¿Qué hora es?; ¿Cuál es tu horario de trabajo?

5.7. **1.** empiezo; **2.** viajan; **3.** das; **4.** vemos; **5.** van; **6.** Quieren; **7.** metes, marcas, tomas; **8.** Tengo; **9.** va, transporta.

5.8. **1.** Para hablar del futuro. **2.** Para hablar de lo que hacen habitualmente. **3.** Para pedir. **4.** Para definir. **5.** Para hablar de lo que hacen habitualmente. **6.** Para ofrecer. **7.** Para dar instrucciones. **8.** Dar información sobre el presente. **9.** Para definir.

5.9. **1.** Los lunes, martes, miércoles y viernes sale a las 17:30. Los jueves sale a las 18:30. **2.** Va al dentista el miércoles a las once y media. **3.** Practica el squash tres veces por semana; los lunes, miércoles y viernes. **4.** El lunes a medio día come con la junta directiva. **5.** El martes por la noche va al cine con Eva; a las diez y diez. **6.** Come con su jefe el martes a las tres. **7.** No, el viernes no tiene una reunión de trabajo. **8.** Va de compras los sábados por la mañana. **9.** Sale con sus amigos los sábados. A la una del mediodía toma botanas y por la noche, a las 11 y cuarto, va de copas. **10.** El domingo por la tarde ve el partido de futbol.

5.10. **1.** Todos los días me levanto a las 7:00. **2.** Casi nunca voy a la ópera. **3.** Todos los domingos desayuno jugo de naranja. **4.** Pocas veces veo la televisión. **5.** Los fines de semana siempre nos acostamos tarde. **6.** A menudo mis amigos escuchan música clásica. **7.** Todos los jueves tenemos la reunión académica a las 14:00. **8.** Una vez a la semana vamos al cine. **9.** Siempre vienen muchos turistas a la playa en verano. **10.** Todas las noches leo cuando me acuesto.

5.11. **siempre**, todos los días, muchas veces, tres veces al día, a menudo, dos veces a la semana, *a veces, dos veces al mes, *casi nunca, una vez al año, cada cinco años, **nunca**. [*puede variar según la perspectiva del hablante.]

5.12. **1.** c; **2.** b; **3.** c; **4.** a; **5.** b; **6.** a; **7.** a.

5.13. acostarse; bañarse; cenar; despertarse; empezar; fumar; gritar; hacer; vestirse; jugar; leer; merendar; oír; pedir; querer; reír; servir o sirve; trabajar; traducir; venir; desayunar.

5.14. Lunes, martes, miércoles, jueves, viernes, sábado y domingo.

5.15. Verano: junio, julio, agosto. Otoño: septiembre, octubre, noviembre. Invierno: diciembre, enero, febrero. Primavera: marzo, abril, mayo.

5.16. **1.** Melanie. **2.** A las nueve. **3.** A menudo. **4.** Normalmente se acuesta tarde.
A. V; **B.** F; **C.** F; **D.** V.

Unidad 6

6.1. me / te / le / nos / les / les.

6.2. **A.** Me gusta: la playa, el verano, la cerveza, jugar futbol, nadar, el cine.
B. Me gustan: los carros, los helados, los museos.
Se usa: Me gusta: cuando le sigue un sustantivo singular o un infinitivo.
Me gustan: cuando le sigue un sustantivo plural.

6.3. me/te/se/le/nos/les/les. **Me encanta:** la playa, el verano, la cerveza, jugar futbol, nadar, el cine.
Me encantan: los carros, los helados, los museos.
Se usa: Me encanta: cuando le sigue un sustantivo singular o un infinitivo.
Me encantan: cuando le sigue un sustantivo plural.

6.4. a mí → me; a ti → te; a él / ella / usted → le; a nosotros/as → nos; a ustedes → les; a ellos / ellas / ustedes → les.

6.5. me gusta / le gusta / me encanta / le encantan / nos gustan / le encantan / me gustan.

6.6. me entusiasma; me encanta; me gusta mucho; me gusta; no me gusta demasiado; no me gusta nada; me horroriza.

6.7. **1.** le pasa; **2.** nos gusta; **3.** Te duele; **4.** Les encanta; **5.** Me queda; **6.** Le duelen.

6.8. **2.** ¿Te gustan + nombre plural?; **3.** ¿Le gusta o Le encanta + nombre singular o infinitivo?; **4.** ¿Les gusta + nombre singular o infinitivo?; **5.** ¿Les gusta + nombre singular o infinitivo?

6.9. **1.** Incorrecta: Me <u>encanta</u>...; **2.** Incorrecta: ...<u>les</u> gustan...; **3.** Incorrecta: ¿<u>A</u> tus estudiantes les gustan...?; **4.** Correcta; **5.** ... les <u>gustan</u> nada...

6.10. **2.** A ti y a mí (= A nosotros) nos gusta dormir la siesta; **3.** A ti y a tus amigos (= A ustedes) les gusta ir en moto; **4.** A su profesor (= A él) le gusta bailar salsa; **5.** ¿Te gusta pasear por la playa?

6.11. Vestido; Salir; Vino; Cara; Galleta.

6.12. **1.** desayuno; **2.** tres platos: primero, segundo y postre; **3.** raciones de comida; **4.** a media tarde; **5.** cena.

6.13. **1.** estoy enfermo; **2.** estoy cansado; **3.** tengo fiebre; **4.** me duele la cabeza; **5.** tengo tos.

6.14. me duele; te duele; le duele; nos duele; les duele; les duele. Que la o del infinitivo, diptonga en **ue**.

6.15. Me duele el dedo, la espalda, la cabeza, el ojo, el estómago. Me duelen los pies, los oídos, las piernas, las manos.

6.16 **1.** A él le duelen los pies; **2.** A Juan no le gusta nada la cerveza; **3.** A Javier le duelen los ojos por la noche; **4.** A Ana no le gusta comer bocadillos; **5.** Nos encanta viajar; **6.** ¿Te gusta la comida de México?; **7.** A la niña le duele la barriga; **8.** El estudiante está cansado; **9.** Mi hijo tiene fiebre; **10.** A nosotros nos duelen las piernas.

6.17. Buenos días; es; le duele; fiebre; Te gustan; me; le encanta; también; tiene.

6.18. **Cabeza:** oreja, boca, frente, cuello, lengua, ojos, nariz, dientes.
Tronco: estómago, pecho, espalda, cintura, cadera, hombro, ombligo.
Extremidades: pie, brazo, codo, pierna, rodilla, tobillo, nalgas, mano, dedos.

6.19. **Tener:** tos, fiebre, gripa.
Doler: la cabeza, la espalda, el estómago, el brazo, la pierna.
Estar: cansado, mareado, enfermo.

6.20.

Nombre	Profesión	Comida	Ocio
Juan	Estudiante	Bocadillos	Jugar futbol
Francisco	Abogado	Las tapas	Leer novelas policíacas
Marta	Esteticista	Ensaladas	Hacer deporte

6.22. **1.** La paciente presenta dolores de cabeza fuertes, especialmente cuando lee o mira la televisión; **2.** Ella vive en la calle del Norte n.º 42; **3.** No, el médico cree que tiene un problema con la vista; **4.** El médico le propone visitar al oculista.

6.24. **A.** F; **B.** F; **C.** V; **D.** F.

Unidad 7

7.1. cantando; viajando; trabajando; probando; cocinando; escribiendo; viviendo; durmiendo; diciendo; siguiendo; lloviendo; comiendo; volviendo; leyendo; oyendo.

7.2. **1.** está durmiendo; **2.** están cocinando; **3.** está trabajando; **4.** está haciendo; **5.** Estoy leyendo.

7.3. **1.** sigo escuchando; **2.** sigue diciendo; **3.** Sigues viajando; **4.** sigo yendo; **5.** Sigue lloviendo; **6.** Sigue trabajando.

7.4. **Estar:** para indicar que la acción en desarrollo se produce en el momento en que se habla.
Seguir: para indicar que la acción en desarrollo es una continuación de una acción que viene del pasado.

7.5. **1.** La semana que viene tengo un examen; **2.** Todos los lunes los alumnos nuevos hacen un examen; **3.** Ahora llueve/está lloviendo mucho; **4.** Estudio/estoy estudiando español desde hace dos meses; **5.** La pared del despacho es amarilla; **6.** Me duele/me sigue doliendo la cabeza; **7.** Juan tiene 40 años; **8.** El tren llega/está llegando en este momento; **9.** Mis papás tienen tres hijos mayores de edad.

7.6. hace; llueve; nieva; hay; está.

7.7. **Hay** tormenta, nieve.
Hace sol, viento, mal tiempo, aire, calor, frío, mucho calor, fresco.
Está nublado.

7.8. la tierra, el mar, el aire, el viento, la luna, el sol, el calor, la lluvia, el frío, la niebla, el cielo, la nieve, el verano, el invierno, la primavera, el otoño, la temperatura.

7.9. El frío: **frío**. El sol: **soleado**. La humedad: **húmedo**. La nube: **nuboso**. El calor: **caluroso**. La lluvia: **lluvioso**.

7.10. hace fresco; hace calor; está nublado; hace viento; llueve; hay tormentas; hace tanto calor.

7.11. **1.** mucho; **2.** mucho; **3.** muy; **4.** mucho; **5.** mucho; **6.** mucho; **7.** mucho, muy, muy, mucho.

7.12. En el diccionario hay muchas palabras. Tengo mucho calor. Mi casa no es muy grande. Javier canta muy mal. Mi hermano viaja mucho a Mérida, en Yucatán. Las clases son muy interesantes. Carmen tiene mucha fiebre.

7.13. es muy viento → **es mucho viento**; está muchísimo calor → **hace muchísimo calor**; hace muy sol → **hace mucho sol**; es mucho agradable → **es muy agradable**; es fresco → **hace fresco**; llueve muy → **llueve mucho**.

7.14. **1.** En el norte de Hidalgo hace mucho aire. **2.** Cuando llueve, necesito un paraguas. **3.** En invierno los niños hacen muñecos de nieve. **4.** En agosto nos gusta mucho ir a la playa. **5.** Es un aparato que sirve para hablar. **6.** No vemos el sol porque está nublado. **7.** Hoy hace un día espléndido. **8.** Sigo estudiando y me gustan mucho los profesores este año. **9.** A mi hermano le encanta la lluvia. **10.** A mí no me gusta nada el viento.

7.15. [4] Calor   [1] Viento   [6] Nube
       [3] Nieve   [5] Teléfono [2] Lluvia

7.16.
```
D E S P E J A D O
  E N E R O
    F R Í O
        M A Ñ A N A
  V E R A N O
  N I E V A
L L O V E R
        T O R M E N T A
          A I R E
```
Palabra oculta: **PRIMAVERA**.

7.17. **1.** b. Juan: Es verdad, hace muchísimo frío.
2. a. ¿ya no sigues trabajando en la escuela de recepcionista?

7.18. **a.** llover. **b.** nevar.

7.20. **1.** De Guanajuato; **2.** En Guanajuato; **3.** Suave; **4.** Hace mucho frío.

7.21. **1.** F; **2.** V; **3.** F; **4.** V.

7.22. **1.** f; **2.** j; **3.** a; **4.** h; **5.** b; **6.** i; **7.** c; **8.** d; **9.** g; **10.** e.

7.23. **1.** Tiene hambre; **2.** Mi abrigo; **3.** Muy interesante; **4.** Está leyendo el periódico; **5.** Las gafas oscuras.

Unidad 8

8.1. ¿A cuánto están las peras?; ¿Cuánto cuestan los plátanos?; ¿Cuánto vale una lechuga?

8.2. **Acá:** estos, estas, este, esta; **Ahí:** esos, ese, eso, esa; **Allá:** aquellas, aquel, aquellos, aquello.

8.3. (Acá) **Estas** camisas.   (Ahí) Esas manzanas.   (Allá) Aquel melón.
       Este libro.   Ese pescado.   Aquella cerveza.
       Estos huevos.   Esa carne.   Aquellos calamares.
       Esta panadería.   Esos jitomates.   Aquellas tortas.

8.4. **En la panadería:** esta; aquella.
En la frutería: estos; aquellos; Estos, estos; Estos.

8.5. **Este/a/o(s)** A lo que se refieren se encuentra cerca del hablante (acá).
Ese/a/o(s) A lo que se refieren se encuentra a una distancia media del hablante (ahí).
Aquel/aquella/o(s) A lo que se refieren se encuentra un poco más alejado del hablante (allá).

8.6. **Personas:** alguien, nadie.
Cosas: algo, nada.
Personas y Cosas: alguno, algún, ninguno, ningún, alguna, ninguna, algunos, algunas.

8.7. algo, nada; alguien, nadie; algo, nada, nada; Alguien, nadie.

8.8. **1.** algunos; **2.** algo; **3.** Algunas; **4.** Algún; **5.** alguna; **6.** Alguno; **7.** Algunas; **8.** algo; **9.** Algunos; **10.** Algún.

8.9. **Frase n.º 4** Ningún ejercicio ha quedado incompleto.

Frase n.º 5 Juana no tiene ninguna idea interesante sobre nuestro viaje.

Frase n.º 6 Ninguno de ustedes me preocupa.

Frase n.º 8 No tengo nada de dinero.

8.10. lo como; la lavo; lo limpio; los frío; las pelo; las leo; la oigo; lo manejo; la pongo; los riego.

8.11. **Salsa**

Pelamos una o dos cebollas. **La** cortamos y **la** ponemos en una cazuela con aceite. Abro una lata de atún y **lo** añado a la cazuela. Abro una lata de aceitunas y **las** pongo en la cazuela.

Macarrones

Pongo una cazuela con agua al fuego. Cuando el agua está hirviendo, añado los macarrones. Los muevo. Cuando están cocidos los macarrones, los saco y los pongo en una fuente.

8.12. **1.** Las; **2.** te; **3.** la; **4.** los; **5.** los; **6.** la; **7.** lo.

8.13. **1.** las; **2.** lo; **3.** la; **4.** los; **5.** la; **6.** la; **7.** la; **8.** la; **9.** los; **10.** las.

8.14. **Lo:** sustituye a un sustantivo masculino singular. **La:** sustituye a un sustantivo femenino singular. **Los:** sustituye a un sustantivo masculino plural. **Las:** sustituye a un sustantivo femenino plural.

8.15. **A. 1.** Los; **2.** Las.

B. pelar; cortar; poner; estar; echar; remover; batir.

8.16. **1.** Panadería; **2.** Frutería; **3.** Estanco; **4.** Perfumería; **5.** Pescadería; **6.** Carnicería; **7.** Floristería; **8.** Pastelería; **9.** Supermercado; **10.** Tienda de ropa.

8.17. **COMIDA:** pan; jitomates; ensalada; huevos; naranjas; salchichas; papas fritas; un pastel; embutido.

OTROS PRODUCTOS: colonia; flores; un cepillo de dientes; pañuelos de papel; el periódico; velas; lejía.

8.18. **1.** Es un celular. Sirve para llamar por teléfono. **2.** Es una pluma. Sirve para escribir. **3.** Es dinero. Sirve para comprar. **4.** Es una cuchara. Sirve para comer. **5.** Es un tenedor. Sirve para comer. **6.** Es un cuchillo. Sirve para cortar. **7.** Es una cama. Sirve para dormir. **8.** Es un reloj. Sirve para consultar la hora. **9.** Es un libro. Sirve para leer.

8.19. Un sofá 2200 (dos mil doscientos) pesos.

Un refrigerador 4500 (cuatro mil quinientos) pesos.

Una cama y un colchón 4300 (cuatro mil trescientos) pesos.

Una mesa para el salón 1800 (mil ochocientos) pesos.

Seis sillas, cada silla 850 pesos, (cinco mil cien) pesos.

Una lavadora 6850 (seis mil ochocientos cincuenta) pesos.

En total son 24 750 (veinticuatro mil setecientos cincuenta) pesos. ¡QUÉ CARO!

No, no voy a comprar la mesa para el salón. -3400 (tres mil cuatrocientos) pesos

No, no voy a comprar seis sillas, solo dos. 1700 (mil setecientos) pesos

En total ahora son 19550 (diecinueve mil quinientos cincuenta) pesos.

8.20. Relaciona cada cifra con su número correspondiente.

1.	Sesenta mil trescientos cincuenta y siete	60 357
2.	Un millón doscientos treinta y cuatro mil cuatrocientos ochenta y nueve	1 234 489
3.	Cinco mil novecientos cuarenta y uno	5941
4.	Trece mil veintidós	13 022
5.	Seiscientos tres mil quinientos setenta y cinco	603 575
6.	Mil trescientos veintidós	1322
7.	Cuarenta mil quinientos treinta y cuatro	40 534
8.	Cincuenta y nueve mil cuatrocientos once	59 411
9.	Cuatro mil quinientos treinta y cuatro	4534
10.	Ciento veintitrés mil cuatrocientos cuarenta y ocho	123 448

8.21. 1. F; 2. V; 3. V; 4. F.

8.22. 1. Dos secciones; 2. Nada; 3. Al fondo del pasillo; 4. Porque es caro.

Unidad 9

9.1. va a ser; vamos a cenar; Vamos a ir; puede venir; pensamos ir; tenemos que levantarnos; vamos a hacer; Pensamos caminar; pensamos disfrutar; Hay que llevar; pienso dormir; pienso leer; quiero ir.

9.2. 1. **Ir a + infinitivo**: indica planes y proyectos en un futuro próximo.
2. **Pensar + infinitivo**: expresa la intención de hacer algo en el futuro.
3. **Tener que + infinitivo**: indica una obligación inexcusable o una recomendación enfática.
4. **Hay que + infinitivo**: expresa una obligación impersonal.
5. **Deber + infinitivo**: expresa una obligación, pero no es inexcusable. También se usa para dar consejo.

9.3. 1. van; 2. piensa; 3. quieres; 4. pienso; 5. debe; 6. piensan, van, prefieren; 7. voy; 8. Puedes; 9. piensas; 10. tiene, puede.

9.4. *Planes y proyectos.* Voy a levantarme temprano el próximo sábado. Vamos a comprar los boletos del viaje hoy en la tarde. ¿A qué hora vas a llegar?

Obligación o recomendación. Tengo que trabajar toda la noche. Luis tiene que pintar la casa antes del traslado. Ustedes tienen que cuidar a su mamá, está muy nerviosa últimamente.

Obligación impersonal. Hay que estar en el aeropuerto una hora antes del vuelo. ¿Hay que limpiar toda la casa? ¿Qué hay que hacer?

9.5. Vamos; pienso; Tenemos; voy; tenemos; piensas; Prefiero; podemos; vamos.

9.6. **Posibles respuestas:**
El domingo por la mañana van a dar un paseo por el Zócalo. Después van a ver el museo de Antropología. Más tarde van a tomar una cerveza en la Plaza de San Roque. Van a comer en un restaurante que a Carmen le gusta mucho. Por la tarde van a ver la última película de Guillermo del Toro. Luego van a ver a unos amigos. Sobre las nueve de la noche van a regresar a casa.

9.7. 1. c) En el aeropuerto hay que estar a las 18:00 horas. 2. a) tengo que estudiar todo el fin de semana. 3. c) pienso hacer un crucero por el Caribe. 4. b) debes estudiar más. 5. a) voy a acercarme a ver si lo tienen.

9.8. **Tiempo Libre / Ocio:** cine, aperitivo, paseo, tarde libre, excursión, descanso, amigos, discoteca, diversión, teatro.

Trabajo / Estudio: agenda, clase, reunión con el director, tarea, oficina, empresa, horario, libro de texto, sueldo, jefe.

9.9. Santiago: Uy, no, no me parece una buena idea.
Andrea: Ni loca. ¡Qué horror!
Santiago: ¡Qué aburrido!

9.11. **Posible solución.**
Andrés, el viernes en la mañana va a trabajar; a las 14:30 tiene que comer con los compañeros de trabajo; a las 17:00 va a jugar con Eduardo al squash; en la noche quiere ir al cine, quiere ver *Harry Potter y las reliquias de la muerte*.

El sábado tiene que ayudar a Eva a limpiar la casa; a las 15:00 debe ir a comer a casa de Teresa; en la tarde quieren ir a pasear al Zócalo.

El domingo en la mañana piensa ir con los niños al zoológico; a las 13:45 van a tomar botanas a *El Tomás*; en la tarde van a celebrar el cumpleaños de Marina. Hay que ir pronto a la cama porque el lunes hay que trabajar.

9.12. 1. No, es que tiene que acostarse pronto porque el lunes tiene que trabajar. 2. No, es que tiene que ayudar a Eva a limpiar la casa. 3. No, es que hay que celebrar el cumpleaños de Marina. 4. No, es que tiene que trabajar. 5. No, es que va a comer a casa de Teresa.

9.13. **Posibles soluciones:** 2. Hay que llegar tarde / No hay que llegar pronto; 3. No hay que hacer las tareas nunca; 4. Hay que estar dormido / No hay que estar despierto; 5. No hay que ayudar a los otros / Hay que molestar a los otros.

9.15. 1. Martha piensa visitar la Catedral y piensa pasear por el Jardín Unión. 2. Porque va a perfeccionar su español. 3. Va a tener que enseñarle a su padre la carta. 4. Va a salir unas horas.

9.16. 1. V; 2. V; 3. F; 4. V.

Unidad 10

10.1. no me puedo levantar; ¡Ni hablar!; No me levanto; no es verdad; no vuelvo a salir; nunca jamás; no, no y no, de verdad no puedo; no me puedo levantar.

10.2.
Negación neutra	**Negación fuerte**	**Doble negación**
no me puedo levantar	¡Ni hablar!	nunca jamás
No me levanto	no, no y no, de verdad no puedo	
no es verdad		
no vuelvo a salir		

10.3. 1. B. 2. C. 3. D. 4. A. 5. E. 6. G. 7. I. 8. H. 9. J. 10. F.

10.4. puntual → impuntual   alegre → triste   simpático → antipático
divertido → aburrido   lógico → ilógico   malo → bueno
tolerante → intolerante   violento → pacífico   hablador → callado
trabajador → flojo

10.5.
Singular	**Plural**
Me parece	Nos parece
Te parece	Les parece
Le parece	Les parece

10.6. Parece: + infinitivo / + sustantivo/adjetivo singular / + adverbio.
Parecen: + sustantivo/adjetivo plural.

10.7. Posibles respuestas:
1. Me parece interesante. 2. Me parece buena. 3. Le parece aburrida. 4. Les parece mal. 5. Me parece bonita. 6. Nos parece estresante. 7. Me parecen crueles. 8. Me parece bien. 9. Me parecen simpáticos. 10. Me parece muy guapa.

10.8. 1. ¿Qué opinas del español?; 2. ¿Qué opinas de la comida mexicana?; 3. ¿Qué opina tu compañero de trabajo de su oficina?; 4. ¿Qué opinan tus papás de que vivas solo?; 5. ¿Qué opinas de la ciudad donde vives?; 6. ¿Qué opinan tú y tus amigos de la vida actual? 7. ¿Qué opinas de los toros?; 8. ¿Qué opinas de vivir en esta ciudad?; 9. ¿Qué opinas de los mexicanos?; 10. ¿Qué opinas de tu pareja?

10.9. 1. C; 2. D; 3. B; 4. A.

10.10. 1. No, no viene ninguno. 2. No, no estudio ninguno. 3. No, no queda ninguna. 4. No, no tengo ninguna. 5. No, no veo nada. 6. No, no hay nadie. 7. No, no quiero a nadie. 8. No tengo ninguno. 9. No, no tengo nada. 10. No tengo ninguno.

10.11. 1. b; 2. b; 3. a; 4. b; 5. a.

10.12. 1. No, no y no, no puedo aceptar su oferta. 2. ¡Ni hablar, no hablo más con él! 3. Nunca jamás voy a regresar a tu casa. 4. En conclusión, la situación es catastrófica. 5. Ninguno de mis amigos habla japonés. 6. No hay ninguna razón para estar enojado. 7. En primer lugar, tú y yo no somos amigos. 8. No estoy enamorado de nadie. 9. Además, la situación es muy complicada. 10. Al final, seguro que tengo razón.

10.13. Tequila: bebida alcohólica típica, hecha de agave.
Sol: México es conocida por su buen clima.
Tradicionales: a los mexicanos les gusta celebrar sus tradiciones.
Playa: las playas mexicanas son famosas por su excelente clima y belleza.
Mariachi: grupo de música tradicional de México.
Tortillas: casi toda la comida mexicana tiene como base las tortillas.
Comida picante: la comida en México, generalmente, es muy picante.

10.15. las afueras; creemos que / pensamos que; no está de acuerdo; hasta la madrugada; es injusta.

10.16. **A.** En las afueras; **B.** Por si hay un incendio; **C.** El ruido.

10.17. **1.** Formal; **2.** En primer lugar, en segundo lugar, en conclusión; **3.** Le saluda cordialmente, Se despide de usted; **4.** Muy Sr. mío.

Unidad 11

11.1. **1.** bebí, bebiste, bebió; **2.** caminé, caminaste, caminó; **3.** comí, comiste, comió; **4.** conocí, conociste, conoció; **5.** escribí, escribiste, escribió.

11.2. **1.** estudiamos, estudiaron, estudiaron; **2.** hablamos, hablaron, hablaron; **3.** salimos, salieron, salieron; **4.** trabajamos, trabajaron, trabajaron; **5.** vivimos, vivieron, vivieron.

11.3. **Levantarse:** yo me levanté, tú te levantaste, él/ella/usted se levantó, nosotros/as nos levantamos, ustedes se levantaron, ellos/ellas/ustedes se levantaron.
Bañarse: yo me bañé, tú te bañaste, él/ella/usted se bañó, nosotros/as nos bañamos, ustedes se bañaron, ellos/ellas/ustedes se bañaron.
Acostarse: yo me acosté, tú te acostaste, él/ella/usted se acostó, nosotros/as nos acostamos, ustedes se acostaron, ellos/ellas/ustedes se acostaron.

11.4. **Ser:** fui, fuiste, fue, fuimos, fueron, fueron.
Estar: estuve, estuviste, estuvo, estuvimos, estuvieron, estuvieron.
Decir: dije, dijiste, dijo, dijimos, dijeron, dijeron.
Tener: tuve, tuviste, tuvo, tuvimos, tuvieron, tuvieron.

11.5. **1.** vivieron; **2.** dividió; **3.** hablamos; **4.** recibió; **5.** estudió; **6.** viajaste; **7.** preparó; **8.** escribí; **9.** limpió; **10.** cantamos.

11.6. **1.** cené; **2.** comiste; **3.** me levanté; **4.** fueron; **5.** tomamos; **6.** pagó; **7.** empezaron; **8.** hizo; **9.** tomó; **10.** obtuvo.

11.7. **1.** Ayer yo estudié toda la noche para mi examen de hoy; **2.** ¿Viste anoche la nueva película de Harry Potter?; **3.** Anoche Carlos preparó la cena para sus amigos; **4.** Ayer ustedes repitieron los mismos errores en el examen; **5.** La Navidad pasada visitamos a los abuelos en Cuba; **6.** El padre de Ana murió hace dos meses; **7.** ¿Cómo estuvo la fiesta de anoche?; **8.** Anoche me fui a dormir después de cenar; **9.** Mi equipo ganó el campeonato el pasado fin de semana; **10.** Las muchachas no quisieron cenar ayer pues están a dieta.

11.8. hice; me levanté; me bañé; desayuné; leí; llamó; acepté; Quedamos; arreglé; regué; corté; tiré; fui; Compré; encontré; invité; Platicamos; regresé; Preparé; Salí; leí; regaló; salí; Fuimos; Tomamos; comimos; Invité; aceptó; llegué; llegó; Vimos; llevó; paramos; llegué; hice; me acosté; me dormí.

11.9. **1.** llegó, b; **2.** se casó, a; **3.** dirigió, c; **4.** nació, c; **5.** a.

11.10. **1.** viajamos; **2.** conocieron; **3.** estudié; **4.** cantaron; **5.** vivió; **6.** Compraste; **7.** platicaron; **8.** compré; **9.** fue **10.** regresó.

11.11. **1.** Luis **vivió** en Buenos Aires hasta 1999; **2.** Yo **nací** en Caracas el 27 de abril de 1977; **3.** El año pasado mi hermana **empezó** a trabajar de enfermera; **4.** El pasado fin de semana Carlos y yo **organizamos** una fiesta; **5.** Martha **terminó** la universidad hace tres años; **6.** Mis papás **regresaron** a México hace un año.

11.12. **1.** c; **2.** f; **3.** d; **4.** a; **5.** e; **6.** b.

11.13. sonó, Se apagaron, se precipitaron, fue, Escuchó, llegó, distinguió.

11.14. **1.** Afuera; **2.** Los tres detectives; **3.** Spade; **4.** Un ruido de pasos; **5.** La silueta de un hombre de pie.

11.15.
Turismo	Vida cotidiana	Periódico
albergue	levantarse	el editorial
montaña	comer con los compañeros	sección internacional
turismo rural	ir a trabajar	crónica
mochila	bañarse	titulares
hotel	hacer la cena	programación de TV
agencia	ver la TV	noticia
boleto	leer el periódico	artículo de opinión
excursión		redactor

11.17. 1. F; 2. V; 3. F; 4. V; 5. F.

11.18. **vejez** = juventud; **cansancio** = vitalidad, energía; **aumentaron** = disminuyeron; **tarde** = pronto.

11.19. **pastilla** = comprimido; **movilidad** = elasticidad; **feliz** = contenta, satisfecha; **se aconseja** = se recomienda.

Unidad 12

12.1. mira; Cena; Da; toma; Lee; Toma; Deja; piensa; Apaga; respira.

12.2. Cenar; Dar; tomar; Leer; Tomar; Dejar; pensar; Apagar; respirar.

12.3.

TÚ	trabaja	come	corre	sube	canta	lee	ve	escribe	pregunta	ve	oye
USTED	trabaje	coma	corra	suba	cante	lea	vea	escriba	pregunte	vaya	oiga
USTEDES	trabajen	coman	corran	suban	canten	lean	vean	escriban	pregunten	vayan	oigan

12.4. Pon/ponga → poner; Ve/vaya → ir; Ten/tenga → tener; Oye/oiga → oír; Sal/salga → salir; Di/diga → decir.

12.5.
	USTED	**USTEDES**
Salir	salga	salgan
Tener	tenga	tengan
Poner	ponga	pongan
Decir	diga	digan
Ir	vaya	vayan
Oír	oiga	oigan

12.6. 1. abre; 2. Siéntese; 3. Escuchen; 4. Descansa; 5. Tomen, bajen, esperen; 6. apaguen; 7. Mira; 8. Tome; 9. Lean; 10. Digan.

12.7. 2. Orden; 3. Llamar la atención; 4. Dar un consejo; 5. Dar instrucciones; 6. Dar una orden; 7. Llamar la atención; 8. Ofrecer; 9. Consejo; 10. Consejo.

12.8. **A.** *tú*.

ábrela; ciérralo; ponla; hazla; léelo; crúzala; bébela; pregúntala; míralos.

B. ábrala; ciérrelo; póngala; hágala; léalo; crúcela; bébala; pregúntela; mírelos.

12.9. 1. Sí, crúzala; 2. Sí, escúchalo; 3. Sí, habla con ellos; 4. Sí, explícalo; 5. Sí, ponla; 6. Sí, cántala; 7. Sí, léelo; 8. Sí, hazlas.

12.10. 1. Cruza la calle a la izquierda. 2. Escuchen las recetas del cocinero Carlos Arpiñano. 3. Lea, por favor, el nuevo informe del presidente. 4. Toma el camión de las 10 para llegar a tiempo. 5. Abran las ventanas que huele fatal. 6. Escriban la carta a mano. 7. Lleva la computadora al técnico, no funciona. 8. Ponga la TV, por favor, que empieza el partido. 9. Prueba este vino, está buenísimo. 10. Paseen por la playa todos los días.

12.11. **Adecuación a la situación.**

1. b); 2. a); 3. a); 4. a); 5. b); 6. a).

La función que tiene el imperativo en las frases siguientes.

7. a); 8. c); 9. b); 10. a); 11. a).

12.12. **A. Primero:** en primer lugar.

Luego: después/a continuación.

Para acabar: finalmente/por fin/por último.

B. Primero, conecta el aparato de música. Ten un casete preparado en el lugar adecuado. Luego, introduce el disco. A continuación, pon a punto el disco y el casete. Para acabar, presiona las teclas de "Play" y "Record". ¡Ah! Y, finalmente, no seas impaciente y espera el tiempo necesario.

12.13. crucen (cruza); de la aula (del aula); Ábrelo (Ábrela); por fin (después, luego); — (tomar, comer...); una trozo (un trozo); antes (después), habla (hable).

12.14. Ir; Tecla; Esperar; Tenga; Después; A continuación.

12.15. Comprensión lectora.

1) **1.** Un/a auxiliar de vuelo a los pasajeros o aeromoza (antes del despegue de un avión). **2.** Las instrucciones de un cajero automático. **3.** El médico a un paciente. **4.** La profesora/El profesor a los alumnos. **5.** Un amigo a otro amigo (en un bar). **6.** El profesor/entrenador a los alumnos/deportistas; **7.** Una madre o un padre a su hijo pequeño.

2) Abróchense, siéntense, Pongan; Introduzca, Ingrese, Retire; Tome, pida, regrese; Escriban, escondan; Tomemos, hablemos; Hagan, den; Cómete, lávate, acuéstate.

3) Escriban; Lávate; Acuéstate; Pida hora; Den 3 vueltas; Hablemos; Introduzca.

12.16. Sopa de letras.

C	M	M	R	F	V	D	A	K	V	G	A
I	E	F	E	N	O	M	E	U	V	D	V
E	H	H	S	Ñ	B	Q	S	Z	C	I	A
R	G	Y	P	T	Z	X	C	C	A	V	L
R	E	P	I	T	A	N	R	N	M	H	S
E	A	S	D	F	P	G	I	H	J	K	L
L	B	Ñ	Q	W	A	E	B	R	T	L	Y
U	U	I	P	A	G	U	E	O	A	P	O
I	S	U	Y	T	A	R	R	M	E	W	Q
Y	C	I	O	P	P	J	A	H	F	S	C
M	A	N	B	V	C	X	Z	S	D	K	F
H	Y	E	D	N	O	P	S	E	R	I	J

2) **1.** puerta; **2.** por favor; **3.** preguntas; **4.** ropa; **5.** televisor; **6.** teléfono/celular; **7.** tareas; **8.** carta; **9.** cuenta; **10.** diccionario.

3) **1.** Cierre la puerta. **2.** Repitan, por favor. **3.** Responde a las preguntas. **4.** Lava la ropa. **5.** Apaga el televisor. **6.** Llama por teléfono/celular. **7.** Haz las tareas. **8.** Escribe una carta. **9.** Pague la cuenta. **10.** Busca en el diccionario.

Nomenclatura de las formas verbales

La nomenclatura de los tiempos verbales del español ofrece variaciones según las diferentes gramáticas existentes. **Prisma Latinoamericano** sigue las directrices de la reciente *Nueva gramática de la lengua española*, 2009. En esta obra, realizada por la Real Academia Española (RAE) y la Asociación de Academias de la Lengua Española, se muestran las nomenclaturas más difundidas de los tiempos verbales del español. En este libro se trabaja con la terminología de Andrés Bello, ya que es la más influyente y extendida en México y viene recogida en la *Nueva gramática*.

A continuación, aparece un cuadro con la equivalencia de los tiempos verbales según la *Gramática* de Andrés Bello y la terminología de las obras académicas recientes: *Diccionario de la lengua española* de la Real Academia Española (DRAE) y el *Diccionario panhispánico de dudas (DPD)*.

Equivalencias de las nomenclaturas de los tiempos verbales

Andrés Bello (Gramática, 1847)	*DRAE/DPD*	*Ejemplos*
MODO INDICATIVO		
Presente	Presente	*Hablo*
Antepresente*	Pretérito perfecto compuesto	*He hablado*
Pretérito	Pretérito perfecto simple	*Hablé*
Copretérito	Pretérito imperfecto	*Hablaba*
Antecopretérito	Pretérito pluscuamperfecto	*Había hablado*
Futuro	Futuro simple	*Hablaré*
Antefuturo	Futuro compuesto	*Habré hablado*
Pospretérito	Condicional simple	*Hablaría*
Antepospretérito	Condicional compuesto	*Habría hablado*
MODO SUBJUNTIVO		
Presente	Presente	*Hable*
Antepresente*	Pretérito perfecto compuesto	*Haya hablado*
Pretérito	Pretérito imperfecto	*Hablara o hablase*
Antecopretérito	Pretérito pluscuamperfecto	*Hubiera o hubiese hablado*
MODO IMPERATIVO		
Imperativo	Imperativo	*Habla (tú)*

* Estos tiempos verbales aparecen en algunos manuales como *Presente perfecto*.